JN007792

オンラインビジネスにおける
個人情報&データ活用
の法律実務

[編著] 弁護士 渡邊涼介

弁護士 松田世理奈

弁護士 今村 敏

[著] 弁護士 辛川力太

弁護士 小川智史

弁護士 岡本健太

ぎょうせい

はしがき

　オンラインビジネスは年々拡大しています。日本における2019年の消費者向け電子商取引（BtoC-EC）市場規模は、19.4兆円（前年比7.65パーセント増）となり、企業間電子商取引（BtoB-EC）も市場規模が353.0兆円（前年比2.5パーセント増）に拡大しました。2020年に新型コロナウイルスが蔓延した影響もあり、今後、拡大の傾向がさらに加速していくことが見込まれます。

　オンラインビジネスが広がる中で、取引の場を提供する、いわゆるGAFAを代表とするデジタルプラットフォーム事業者が巨大化し、様々な分野のビジネスに影響を与えるようになり、その影響は、消費者だけでなく、様々な業種の事業者に及んでいます。また、顧客のニーズを把握するために、インターネット上の利用者の行動を分析するといった手法が一般的になり、個人情報やプライバシーを侵害しているという指摘もされています。

　このような流れの中で、近年、オンラインビジネスに関連する法制度、特に個人情報やデータの取扱いに関して、デジタルプラットフォーム事業者への対応や、情報法、競争法の観点からの検討が進められています。

　本書では、データの取扱いを中心とした法制度について、情報法、競争法、海外の状況などの網羅的な観点から、それぞれの分野の実務に精通した専門家が説明をしており、上記検討を1冊で総合的に理解することが可能となっています。

　そして、本書では、立法に携わった著者が、特定デジタルプラットフォームの透明性及び公正性の向上に関する法律（透明化法）、令和2年改正個人情報保護法について、執筆をしています。また、データ活用や独占禁止法、それらに関する海外事情についても、任期付公務員としての経験がある弁護士、海外法律事務所勤務経験がある弁護士が執筆をして、最新の状況を説明しています。

　本書が、実務家がアドバイスをする際において参考となるだけでなく、事業者がオンラインビジネス実務に関わっていく際の手引きとなっていくことを願っています。

　令和2年11月

編著者代表　渡邊　涼介

凡　例

1　法令等名略語

本文中の法令名は、断りのない限り原則として正式名称で記した。ただし、一部については次に掲げる略語を用いた。

個人情報保護法（個情法）	個人情報の保護に関する法律
透明化法	特定デジタルプラットフォームの透明性及び公正性の向上に関する法律
独占禁止法（独禁法）	私的独占の禁止及び公正取引の確保に関する法律

2　判　例

裁判所の表示、出典については、次のア、イに掲げる略語を用いた。

ア　裁判所名略語

最高	最高裁判所
○○高	○○高等裁判所
○○地	○○地方裁判所

イ　判例集出典略語

民集	最高裁判所民事判例集
高民集	高等裁判所民事判例集
下民集	下級裁判所民事裁判例集
判時	判例時報
判タ	判例タイムズ

なお、法令、判例の引用においては、一部、漢数字を算用数字とし、常用漢字でないものはこれに改めた。

目　次

第2章
特定デジタルプラットフォームの透明性及び公正性の向上に関する法律の概要

―― 岡本　健太

第3章
令和２年改正個人情報保護法の概要

小川　智史

第6章
データ利用に際して留意すべき競争法（独占禁止法）の規制概要

松田　世理奈

第7章
海外の状況

辛川　力太

第1章

オンラインビジネスにおける個人情報及びデータ活用に関する状況

1 オンラインビジネス

(1) オンラインビジネスとは

　本書では、インターネットを利用したビジネスをオンラインビジネスという。インターネットを利用した通信販売（ネット販売）、ショッピングモールを始めとして、検索サービス、SNS、アプリストア、オークションやフリーマーケットなどの消費者参加型の e コマース（電子商取引）、シェアリングエコノミー型のサービスを含むが、それに限られない。オンラインビジネスの主体としては、フリマアプリを利用して商品を販売している人から、デジタルプラットフォーム事業者（プラットフォーム事業者）まで、幅広い層が想定される[注1]。

　1990年代から、インターネットが世界的に普及して以来、ビジネスの形態は大きく変わり、オンラインで買えないものはほとんどなく、むしろオンラインでしか買えない商品や、オンライン上でしかビジネス展開していない事業者も増えてきている。

　特に、2020年以降、全世界的に新型コロナウイルス感染症（COVID-19）の感染が拡大する中、日本でも、同年４月以降、新型コロナウイルス感染症緊急事態宣言が出され、いわゆる「3密」を避けることができる生活様式の一環として、国民がオンラインビジネスを利用する機会は増大し、社会に占めるその役割はさらに高まっている。

(2) 費用面の特質

　オンラインビジネスの費用面からの特質として、限界費用・取引費

(注1)　オンラインビジネスという用語は、オフラインビジネス（インターネットを利用しないビジネス）との対比として用いられることが多い。もっとも、当然ながら、現在において、仕入れや在庫管理、顧客管理などを含めて、インターネットを一切利用しないというビジネスはほとんどなく、その意味で両者の違いは、主に利用者の立場になって、インターネットの利用がより直接的か、間接的かという、程度の違いにはなる。

用が減少することが挙げられている。

限界費用とは、ある財・サービスを一単位増やすために要する費用をいう。例えば、電化製品を自社で生産する場合、企画や設計、製品の生産に必要となる人件費や、原材料、仕入れる部品の費用、生産設備に対する設備投資の費用など、1つの製品を作成するために様々な費用が必要となる。これに対し、オンラインビジネスの場合、例えば、オンライン上でアプリケーションを提供する場合、一度ある財・サービスを作成してしまえば、提供先が増えても、追加の作成コストは不要である。

取引費用とは、複数の主体間でのやり取りの際に生じる様々な費用をいう。具体的には、相手を探す費用、相手と交渉する費用、相手との取り決めを執行する費用に大別できる。例えば、電化製品を自社で販売する場合には、仕入れる製品について、それぞれ取引先を探す費用、品質・金額等を交渉する費用、製品を出荷するために運送業者を探し、手配する費用、販売先となる小売店を探す費用、小売店と交渉する費用などが必要となる。これに対し、オンライン上で商品を販売する場合、インターネット上に販売条件等を記載したホームページを作成しておけば、自社の販売先と個別に費用、品質、金額等を交渉しなくとも、自社から消費者に直接販売することが可能となるといったように、やり取りが必要となる場面自体が減り、かつ、やり取りも定型化しやすく、取引費用が下がることとなる。

上記のオンラインビジネスの特質は、次に説明する通信技術等の進展による技術革新や越境データの流通増大といった事象と重なり、国際的なデジタルプラットフォーム事業者の出現という現在の状況に至っている。

2 個人情報＆データ活用からの視点

本稿では、オンラインビジネスにおける個人情報及びデータ活用を検討するにあたって必要となる視点として、個人情報及びその他の

データ活用の観点から、通信技術等の進展による技術革新（下記**第2**）、越境データの流通増大（下記**第3**）、デジタルプラットフォーム事業者の出現（下記**第4**）、自己の権利意識の高まり（下記**第5**）をそれぞれ説明した上で、それに対応した、個人情報及びデータ活用に関する法規制（下記**第6**）、今後の動向（下記**第7**）についても説明する^(注2)。

第2　通信技術等の進展による技術革新

　オンラインビジネスにおける情報の取扱いについて、オフラインビジネスとの相違点から説明すると、通信技術等の進展による技術革新により、① 個人を特定又は識別した情報の取得と利用が可能であること、② 大量のデータの保管が可能であること、③ 情報の共有が容易であることが大きな特徴としてあげられる。

1　個人を特定又は識別した情報の取得と利用が可能であること

　オンラインサービスを提供する場合、例えば通販サイトにおいては、氏名・住所を取得する必要があり、個人情報を取り扱う必要がある。これに対し、スーパーで現金で買い物をするようなオフラインのビジネスの場合には、基本的に特定の個人を識別した情報（個人情報）を取り扱う必要はなかった。

　他方、オンラインで、個人が特定されていない場合でも、インターネット上の情報は、Cookieなどの端末識別子を利用して個人を識別可能とし、登録情報、閲覧履歴などの行動履歴情報、デバイス情報などをデータサーバにおいて紐付け可能な形で管理することで、様々な情報を紐付けられるため、個人を特定しなくとも詳細にセグメント化

(注2)　本稿全体の記載については、令和元年度情報通信白書（総務省、2019）のほか、総務省ホームページ（プラットフォームサービスに関する研究会）、経済産業省ホームページ（審議会・研究会資料・経済産業）、公正取引委員会ホームページ（デジタル・プラットフォーマーを巡る取引環境整備に関する検討会）上に掲載されている資料などを参考にしている。

することが可能な状態で情報が蓄積されている。企業は、このような情報を利用して、主に、個人の興味や関心にマッチした広告（ターゲティング広告）の送信や、新サービスの開発などを実施している。

　さらに、IoT（Internet of Things：もののインターネット接続）が進展し、スマートフォンだけでなく、家電にセンサーを搭載したり、スマートスピーカーなどの形で、家庭内の情報も取得されるようになっている。IoTにより取得されたデータは、多量、多様かつ処理速度が速いデータを総称するところのBig Dataとなり、同データを利用して、AI（Artificial Intelligence：人工知能）による分析が行われることになる。

　そのうえ、今後は、5G（第5世代移動通信システム）の利用の普及により、超高速（最高伝送速度は、10Gbps）、超低遅延（1ミリ秒程度）、多数同時接続（接続機器数100万台/㎢）といった特徴を活用して、データ量はますます増大することが見込まれており、データの取得及び利用はさらに進んでいくこととなる。

2　大量のデータの保管が可能であること

　インターネット上における情報は基本的にデータ化されている。例えば、Faxを利用して手紙のやり取りをする場合であれば、その内容は手間をかけてデータ化しない限り、紙媒体でしか存在しなかったが、Eメールなどの手段を利用する場合にはメールのデータがサーバ上等に保管される。

　近年では、インターネット上での情報管理は、データやアプリケーション等のコンピューター資源をネットワーク経由で利用する仕組みである、クラウド・コンピューティング（Cloud Computing）を利用してなされることも多い[注3]。

(注3)　クラウド・コンピューティングを利用したサービスは、広範に利用されており、構成要素ごとに分けると、①IaaS（Infrastructure as a Service）：コンピューターやストレージ、ネットワークなどのハードウェアが提供する機能を提供するサービス、②PaaS（Platform as a Service）：アプリケーションプログラムを開発・実行するためのツールや環境（＝プラットフォーム）を提供するサービス、③SaaS（Software as a Service）：アプリケーションプログラムが持つ機能を提供するサービスに大きく分類できる。

これらのサービスを利用することで、個人を特定又は識別したデータについて、個々の情報端末の容量に制限されず、大量に保管することが可能となっている。

3　データの共有・提供が容易であること

　オンラインビジネスでのデータは、上述のように識別される個人ごとに分類して取得され、インターネット上でデータベースの形で保管されているのが通常であり、紙ベースの資料で保管している場合に比べ、社内の異なる事業部間で共有することが容易である。上記のクラウド・コンピューティングを利用することで、大量のデータを共有することも容易である。

　さらに、取得したデータを自社外の第三者に提供することも容易である。

　個人の立場からは、企業からデータの開示を受けることも容易であり、データポータビリティ（第4章参照）の実現にもつながる。

第3　越境データの流通増大

1　OECD8原則

　越境データの流通は、オンラインビジネスが生まれる以前から問題となっていた。すなわち、コンピューターによる情報管理が始まり、プライバシー侵害の程度が強まることが懸念されたことを主な理由として、1970年代以降、各国でプライバシーに関する法整備が進められたが、各国ごとに規制態様が異なっていたのでは国際的な情報流通の障害となるおそれがあり、国際的に、プライバシー保護に関する法整備の指針が必要であるとの認識が生まれた。

　このような流れの中で、OECD加盟国は、1980年9月に、個人データの流通に関する加盟国内における法整備の指針として、「プライバ

シー保護と個人データの国際流通についてのガイドラインに関する
OECD理事会勧告」（いわゆる、OECD8原則）を採択した。日本のほか、
米国、EU加盟国を含むOECD加盟国は、同原則をもとに国内法を整
備している。このため、OECD8原則は、日本の個人情報保護法整備
の指針となっているほか、EUやアメリカなどのプライバシー保護に
関する立法にも大きな影響を与えている。

OECD8原則の内容と個人情報保護法の対応

原則名	内　容	個人情報保護法との対応
①目的明確化の原則	概要：収集目的を明確にし、データ利用は収集目的に合致するべき。	利用目的の特定（15条）、利用目的による制限（16条）、第三者提供の制限（23条）
②利用制限の原則	概要：データ主体の同意がある場合、法律の規定による場合以外は目的以外に利用使用してはならない。	
③収集制限の原則	概要：適法・公正な手段により、かつ情報主体に通知又は同意を得て収集されるべき。	適正な取得（17条）
④データ内容の原則	概要：利用目的に沿ったもので、かつ、正確、完全、最新であるべき。	データ内容の正確性の確保等（19条）
⑤安全保護の原則	概要：合理的安全保護措置により、紛失・破壊・使用・修正・開示等から保護するべき。	安全管理措置（20条）、従業者の監督（21条）、委託先の監督（22条）
⑥公開の原則	概要：データ収集の実施方針等を公開し、データの存在、利用目的、管理者等を明示するべき。	取得に際しての利用目的の通知等（18条）、保有個人データに関する事項の公表等（27条）、開示（28条）、訂正等（29条）、利用停止等（30条）
⑦個人参加の原則	概要：自己に関するデータの所在及び内容を確認させ、又は異議申し立てを保証するべき。	
⑧責任の原則	概要：管理者は諸原則実施の責任を有する。	個人情報取扱事業者による苦情の処理（35条）

（出典）個人情報保護委員会資料を加工

2　オンラインビジネスと越境データ

　オンラインビジネスの場合、インターネット上に国境・国内外の区別はないため、技術上は、国外の主体から情報を直接取得することや、管理している情報を瞬時に国外の第三者に提供することも容易である。

　例えば、アプリケーションを利用して通信をする場合、利用者が、通信の送信先がどこかをあまり意識していないことも多いが、海外の事業者が提供するアプリケーションであれば、利用者の情報は海外の事業者に直接送信されているケースが多い。

　後述のように（**第6・3**）、プライバシー保護に関しては、各国や共同体などごとに法規制がされており、インターネットによる情報の流通と、それぞれの法規制をどのように整合させるかが問題となる。

第4　デジタルプラットフォーム事業者の出現

1　デジタルプラットフォーム事業者とは

　上記のようなオンラインビジネスの特質、通信技術等の進展による技術革新、越境データの流通増大や以下で述べる経済的特質やデータとの関係などにより、世界的な規模でオンラインビジネスを展開する、デジタルプラットフォーム事業者と呼ばれる事業者が出てきている。

　GAFAと呼ばれる米国のGoogle、Apple、Facebook、AmazonやBATと呼ばれる中国のBaidu（百度）、Alibaba（阿里巴巴集団）、Tencent（騰訊）が、デジタルプラットフォーム事業者の代表例とされ、このほか、MicrosoftやHuawei（華為）がデジタルプラットフォーム事業者に挙げられることもある。日本企業では、楽天やヤフーが例として挙げられることが多い。

　デジタルプラットフォーム事業者の特徴としては、1つの事業だけでなく、多面的な市場で、国際的に事業展開しているケースが多いこ

とが挙げられる。例えば、Googleだと、検索エンジンのほか、オンライン広告、電子商取引 (Android Pay)、動画配信サービス (YouTube)、OS (Chrome)、クラウド・コンピューティング (Drive)、Google Home (スマートスピーカー) に代表される事業を、全世界で展開している。

このようなデジタルプラットフォーム事業者の事業は、利用者のサービス (市場) へのアクセスを飛躍的に向上させ、利用者の生活に利便性を与えている。

法的な観点からは、当初は、デジタルプラットフォーム事業者は「場」を提供しているに過ぎないと捉えられることが多かったが、その社会的機能が増大するとともに、その果たす機能に従った規制がなされるべきであるという議論がなされている。

2 デジタルプラットフォーム事業者の経済的特性

デジタルプラットフォーム事業者は、データ利用の観点では、次のような理由から巨大化しているといわれる。

有力なサービスを展開することで、直接ネットワーク効果 (あるネットワークへの参加者が多ければ多いほど、そのネットワークの価値が高まり、更に参加者を呼び込む現象) が生じ、さらに、多くの事業を展開することで、間接ネットワーク効果 (一方の市場での参加者の増加が、その市場の参加者のみならず、別の市場での参加者をも増やしていく現象) も発生している。例えば、ショッピングサービスの場合、参加者が増えるほどサービスが充実し、さらに参加者が増えるという好循環が生じ (直接ネットワーク効果)、参加者が増えると、参加者に対して広告を配信する事業者も増えることとなる (間接ネットワーク効果) (第2章、第6章も参照)。

さらに、スイッチングコスト (現在利用している製品・サービスから、他の製品・サービスに乗り換える際に発生する金銭的・手続的・心理的な

負担）があることから、一度サービスを利用した利用者が、他のサービスに移行することは負担が大きいという指摘もある。例えば、ヘルスケアのサービスを利用している場合、従前から利用しているサービスから別のサービスに新たに乗り替えたくとも、過去のデータを利用できなくなるというデメリットがあることは、既存のサービスを利用し続ける誘因になる。

実際の問題としては、デジタルプラットフォーム事業者が、有望なスタートアップを規模が大きくなる前に買収して自社に取り込んでいるため、本来出てくるべき新たな競争者が出てこないという点も指摘されている。

3 「雪だるま式」拡大効果

特に、デジタルプラットフォーム事業者におけるデータの利用については、「雪だるま式」拡大効果があるといわれる。すなわち、「規模に関する収穫逓増」（increasing returns to scale）（サービスに関して利用者のデータがより多く集まれば集まるほど、そのサービスの質が向上し、更に利用者を呼び込むという効果）と、「範囲に関する収穫逓増」（increasing returns to scope）（より多くのサービスから利用者のデータが集まるほど、これらサービスの質が向上し、更に利用者を呼び込むという効果）があり、さらに利用者が増えていくと説明がされている[注4]。

そして、デジタルプラットフォーム事業者については、利用者に対して、検索や動画配信など、無料でサービス提供をしている場合でも、構造的には、利用者の情報を対価として取得し、それを広告配信などに利用することで、収益を上げているという指摘がされている。さら

（注4） 概念として、ネットワーク効果と類似した部分があるが、OECD（2015）"Data-Driven Innovation: Big Data for Growth and Well-Being"では、供給面（本稿の文脈ではデジタルプラットフォーム事業者側）においては規模の収穫逓増及び範囲の収穫逓増、需要面（本稿の文脈では、利用者側）においてはネットワーク効果及び両面市場により、データの集中が加速化すると、供給面と需要面に分けた整理がなされている。

に進んで、実際には、金銭的対価を支払って取得すべき利用者の情報を、無料で取得しているとの指摘もある。

4 場を利用する事業者との関係

上記1から3は、主に、デジタルプラットフォーム事業者と最終的な消費者との間における議論を前提としてきたが、近時では、デジタルプラットフォーム事業者と利用者（消費者）との関係だけでなく、デジタルプラットフォーム事業者の提供する場を利用して消費者に直接サービスを提供する事業者との関係にも問題があるとされている（第2章参照）。

第5 自己の権利意識の高まり

オンラインビジネスの進展、特に、デジタルプラットフォーム事業者の巨大化が進む中で、自己の個人情報に対する権利意識が高まっている。この点は、令和2年個人情報保護法改正でも、観点として挙げられている。

これまでは、企業が主体となって、個人から取得した情報を利用してきたが、個人が主体的に、どのような情報を企業に提供し、利用させるかを決定できるようにする傾向が強くなってきている。

このような流れを受け、パーソナルデータエコシステム（Personal Data Ecosystem：個人、企業や組織が、新たなツール、技術を用い、データ主体である個人が自身のパーソナルデータの管理を行うことにより、パーソナルデータを活用する仕組み）という考え方も提唱されている。この考え方に従って、パーソナルデータストア（PDS：個人が自らの意思で自らのデータを集約・蓄積・管理するための仕組み（システム）であって、第三者への提供に係る制御機能を有するもの）や情報銀行（実効的な本人関与（コントローラビリティ）を高めて、パーソナルデータの流

11

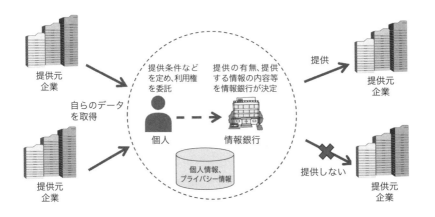

提供元企業 自らのデータを取得 提供条件などを定め、利用権を委託 個人 提供の有無、提供する情報の内容等を情報銀行が決定 情報銀行 個人情報、プライバシー情報 提供 提供元企業 提供しない 提供元企業

通・活用を促進するという目的の下、本人が同意した一定の範囲において、本人が、信頼できる主体に個人情報の第三者提供を委任するもの）といった構想が実現化している。

また、データポータビリティ（第4章参照）の動きも、権利意識の高まりという流れに沿った議論である。

今後も、デジタルプラットフォーム事業者などに情報が集まる動きが高まるに連れて、自己の権利意識も高まると考えられ、注意が必要である。

第6 個人情報及びその他のデータ活用に関する法規制

1 情報保護の必要性

これまで述べてきたようにオンラインビジネスの重要性などにより、情報の重要性や活用される場面が増すにつれて、情報をより高いレベルで保護する必要があると認識されている。

以下では、データを利用したビジネスを行う上で、特に知っておくべき法規制のアウトラインを、日本国内と海外に分けて、紹介する。

2 国内における情報に関する主な制度

情報は、それ自体は有体物ではなく、民法上における所有権の対象

とはならないが、情報自体を保護する法規制も進展している。

　日本国内で、情報を保護する法制度は、業法や刑事法を含めると様々なものがある。その中でも、オンラインビジネスにおけるデータ活用という観点からは、法的リスクが生じる事態を避けるためにも、少なくとも、次の法令があることを認識し、違反がないように注意しておく必要がある。

⑴　個人情報の保護に関する法律（平成15年法律第57号）（個人情報保護法）

　上述のOECD8原則（「プライバシー保護と個人データの国際流通についてのガイドラインに関するOECD理事会勧告」1980年）以来の国際的なプライバシー保護の流れなどを受け、日本でも、平成15年に、個人情報保護法が成立した。同法は、個人情報の有用性に配慮しつつ、個人の権利利益を保護することを目的としたものである（1条）。同法では、個人情報を取り扱う事業者の遵守すべき義務等を定めており、情報を取り扱う上では、非常に重要である。同法については、令和2年改正も含め、第3章で説明する。

⑵　私的独占の禁止及び公正取引の確保に関する法律（昭和22年法律第54号）（独占禁止法）

　独占禁止法は、公正かつ自由な競争を促進し、事業者が自主的な判断で自由に活動できるようにすることを目的としている。市場メカニズムを正しく機能させることで、事業者が、自らの創意工夫によって、より安くて優れた商品を提供して売上高を伸ばそうとし、消費者は、ニーズに合った商品を選択することができ、事業者間の競争によって、消費者の利益が確保されるという考えに立って競争を維持・促進する政策（競争政策）を実施しているところ、データの重要性が高まる中で、データの取扱いについても、規制対象とされてきている。同法につい

ては、第6章で説明する。

⑶ 特定デジタルプラットフォームの透明性及び公正性の向上に関する法律（令和2年法律第38号）（透明化法）

　上述のように、デジタルプラットフォーム事業者の出現により、消費者の生活における利便性が高まっているが、市場によっては、規約の変更や取引拒絶の理由が示されないなど取引の透明性が低いことや、商品等提供利用者の合理的な要請に対応する手続・体制が不十分であるとの指摘もされていた。

　このような観点から、特定デジタルプラットフォームの透明性及び公正性の向上に関する法律が制定された。詳しくは、第2章で説明する。

⑷ 著作権法（昭和45年法律第48号）

　著作権法は、著作物並びに実演、レコード、放送及び有線放送に関し、著作者の権利及びこれに隣接する権利を定め、これらの文化的所産の公正な利用に留意しつつ、著作者等の権利の保護を図り、もつて文化の発展に寄与することを目的としている（同法1条）。

　同法では、著作物（思想又は感情を創作的に表現したもの）を保護しており、当該表現が含まれる情報をも保護しているといえるところ、オンラインビジネスにおいては、主にデータの利用が他人の著作権の侵害にならないかという観点から検討する必要がある。例えば、ホームページの運営にあたり、他人の著作物（SNS上での発言や個人のホームページ上での記載も含まれ得る。）をホームページ上で掲載する場合などに問題となり得るので、注意が必要である。

⑸ 不正競争防止法（限定提供データの保護）

　不正競争防止法（平成5年法律第47号）は、事業者間の公正な競争及びこれに関する国際約束の的確な実施を確保するため、不正競争の

防止及び不正競争に係る損害賠償に関する措置等を講じ、もって国民経済の健全な発展に寄与することを目的とする（同法1条）ところ、個人情報やプライバシー情報を含むデータが、①秘密管理性：秘密として管理されている、②有用性：有用な営業上又は技術上の情報である、③非公知性：保有者の管理下以外では一般に入手できないという要件を全て満たし、不正競争防止法上の営業秘密に該当する場合、不正競争の対象となる悪質性の高い行為を受けたときには、同法に基づく差止請求や損害賠償請求が可能となり、刑事罰が科されるなど、強い保護が与えられる。

また、平成30年不正競争防止法改正では、新しいサービスを実現するために、複数の企業間で、価値の高いデータを共有する場合において、当該データを保護するために、「限定提供データ」（業として特定の者に提供する情報として電磁的方法により相当量蓄積され、及び管理されている技術上又は営業上の情報（同法2条7項））の概念を導入し、該当するデータの不正取得・使用等を不正競争防止法の「不正競争行為」と位置付けている。「限定提供データ」に該当するには、①「業として特定の者に提供する」（限定提供性）、②「電磁的方法により相当量蓄積される」（相当蓄積性）、③「電磁的方法により管理される」（電磁的管理性）という要件を満たす必要があるとされており、同データに該当するかを意識して管理することが重要である。

⑹ 特定電子メールの送信の適正化等に関する法律（平成14年法律第26号）（特定電子メール法）

特定電子メール法では、迷惑メール対策として、原則としてあらかじめ同意した者に対してのみ広告宣伝メールの送信が認められるというオプトイン方式が採用されるなど、広告宣伝のために送信される電子メールに対する規制が導入されている。

顧客データを利用して、広告宣伝のためにメールを送信する場合に

は、注意が必要である。

(7) 民 法

　情報が不当に利用され、損害賠償請求をする場合には、上記のほか、私人間の関係について定めた一般法である民法における不法行為や債務不履行（民法415条）に関する規定が根拠となる。

　データ利用との観点では、データ利用が個人のプライバシーを侵害する場合（第4章、第5章参照）を始めとする様々な場合に、損害賠償請求などの法的根拠となるため、注意が必要である。

3　海外における情報に関する主な制度

　海外における情報に関する制度は多岐にわたるため、特に、個人情報及びその他のデータ活用に関連するものについて、紹介する。

(1) EU、米国

　EU、米国におけるプライバシー保護に関しては、前掲のOECD8原則に準拠しながらも、それぞれ異なる形で保護が図られてきた。

　大きくは、既に述べたように、近年デジタルプラットフォーム事業者の影響が大きくなるとともに、自己の権利意識が高まり、個人の権利保護の必要性が強く求められてきているという流れがある。欧米における法規制について、詳しくは、**第7章**を参照されたい。

(2) データローカライゼーションの動き

　OECDに加盟するいわゆる先進国の多くでは、OECD8原則に準拠する形で、プライバシー保護を目的とした法制の整備が進められてきており、データの越境移転についても、一定の考え方が共有されてきた。

　しかし、近年では、国内で特定の事業を営む企業に対して、必ずしもプライバシー保護を目的とせず、自国内の産業保護、安全保障・法

執行の確保などを目的として、ICT・ITサービスの提供に用いられる
サーバ設備の国内設置やデータの国内保存等を求める、データローカ
ライゼーション（data localization）と呼ばれる規制が、特に新興国
を中心に目立ってきている。

　データローカライゼーションにも様々な内容があるが、越境個人
データ移転規制に比べ、主に、①対象データが個人データに限られな
い、②必ずしも個人データの越境移転に着目しているわけではない、
③個人の同意があっても越境移転が認められるわけではないという特
徴がある。データローカライゼーションに該当するとされる例として
は、中国で2017年6月に施行された中国サイバーセキュリティ法（中
華人民共和国網絡安全法）や、ロシアで2015年9月に施行された改正
個人データに関するロシア連邦法が挙げられることが多い。今後、東
南アジアを始めとした、いわゆる発展途上国でデータローカライゼー
ションの動きが進むといわれており、これらの国・地域で情報を取り
扱う場合には、注意が必要である。

第7 今後の動向

　今後も、通信技術等の進展による技術革新や、越境データの流通増
大、自己の権利意識の高まりを始めとした様々な要素の中で、オンラ
インビジネスにおける個人情報及びその他のデータ活用の形は変わ
り、それに伴い、法規制や法律実務も変わっていくこととなる。

　データの活用において最も重要な観点は、情報の保護と活用の両
立・バランスであり、その観点から健全にデータ活用が進めていく必
要がある。

　さらに、2020年に入ってからの新型コロナウイルスのパンデミッ
ク（世界的流行）に対する対策の中で、カメラ画像における顔認証技術、
位置情報やBluetooth通信を利用した接触履歴情報の活用といった技

術的な対策が導入されるなど、世界的に対策が進められている。この影響により、これまでのプライバシー保護を重視すべきという流れに加えて、疫病対策など公益性が高い目的の場合においては、プライバシー保護が制限され、よりデータを活用していくべきという考え方も影響力を増すと考えられ、注視が必要である。

第 2 章

特定デジタルプラットフォーム
の透明性及び公正性の
向上に関する法律の概要

1 デジタルプラットフォームをめぐる動向

　情報通信技術やデータを活用して第三者に「場」を提供するデジタルプラットフォームは、サイバー空間とフィジカル空間の融合が深化しているデジタル経済社会にとって不可欠な存在となりつつある。デジタルプラットフォームの提供者は、革新的なビジネス等を生み出すイノベーションの担い手であり、中小事業者の国内外市場へのアクセスの可能性を飛躍的に高め、消費者の便益を向上させるなど多くのメリットをもたらしている。世界規模でデジタルプラットフォームサービスの市場が急成長しており、デジタルプラットフォームを提供する企業は、近年の世界の時価総額ランキングの上位を占めている[注1]。

　他方で、デジタルプラットフォームにおいては、ネットワーク効果や規模の経済性等を通じて急速に支配的地位を形成することが可能であり、一部のデジタルプラットフォームに依存せざるを得ない中小事業者からは、様々な取引上の課題に対する懸念が指摘されている。EUでは、2019年6月に、「オンライン仲介サービスのビジネス・ユーザーを対象とする公正性・透明性の促進に関する規則[注2]」が策定され、デジタルプラットフォームへの規制が導入された。

　2020年5月に成立した特定デジタルプラットフォームの透明性及び公正性の向上に関する法律（透明化法）は、我が国において、デジタルプラットフォームの取引環境の整備を行うものとして、取引条件等の情報の開示、運営における公正性確保、モニタリング・レビュー

(注1) 日本経済再生総合事務局「デジタル市場のルール整備に関する参考資料」（2019年2月13日）参照。
(注2) Regulation (EU) 2019/1150 of the European Parliament and of the Council of 20 June 2019 on promoting fairness and transparency for business users of online intermediation services.

（運営状況の報告と評価）等の必要な措置を規定したものである。

2　本章の構成

　本章では、透明化法によって、オンラインモール及びアプリストアに商品やアプリ等を出品している事業者とデジタルプラットフォームを提供する事業者との間の取引関係にどのような影響を与えるのかについて焦点を当てることとする。

　もっとも、同法は、未だ施行に至っておらず、施行に向けて、政令、省令、指針等が作成されることが必要である。本書執筆時点[注3]においては、これらの政省令等は未だ作成されていない。

　そこで、本章では、本稿執筆時点で明らかとなっている範囲で本法の作成経緯、概要及び規律の内容とともに、デジタルプラットフォーム上でビジネスを展開する事業者による活用のポイントについて解説する[注4]。

第1　透明化法の作成経緯

　2018年6月、早急なデジタルプラットフォーム対策を講じることが盛り込まれた未来投資戦略2018が閣議決定され、同年7月、「デジタル・プラットフォーマーを巡る取引環境整備に関する検討会」が立ち上げられ、同年12月に中間論点整理が公表された。同整理を踏まえて、「プラットフォーマー型ビジネスの台頭に対応したルール整備の基本原則」（以下「基本原則」という。）が策定された。

（注3） 2020年8月時点。
（注4） 本文中の意見にわたる部分については、筆者の個人的見解である。

基本原則の7項目

① デジタル・プラットフォーマーに関する法的評価の視点

② プラットフォーム・ビジネスの適切な発展の促進

③ デジタル・プラットフォーマーに関する公正性確保のための透明性の実現

④ デジタル・プラットフォーマーに関する公正かつ自由な競争の実現

⑤ データの移転・開放ルールの検討

⑥ バランスのとれた柔軟で実行可能なルールの構築

⑦ 国際的な法適用の在り方とハーモナイゼーション

（出典）「プラットフォーマー型ビジネスの台頭に対応したルール整備の基本原則」より抜粋

　その後、2019年5月、取引環境の透明性・公正性確保に向けたルール整備の在り方に関するオプション及びデータの移転・開放等の在り方に関するオプションが公表され、その約1年後の2020年5月に透明化法が可決された。

2018年 6月15日	未来投資戦略2018　閣議決定
2018年 12月12日	「デジタル・プラットフォーマーを巡る取引環境整備に関する検討会」中間論点整理　公表
2018年 12月18日	プラットフォーマー型ビジネスの台頭に対応したルール整備の基本原則　策定
2019年 5月21日	取引環境の透明性・公正性確保に向けたルール整備の在り方に関するオプション　公表
	データの移転・開放等の在り方に関するオプション　公表
2020年 1月28日	特定デジタルプラットフォームの透明性及び公正性の向上に関する法律案の概要　公表
2020年 2月18日	透明化法案　閣議決定
2020年 5月27日	透明化法　国会審議　可決（成立）※公布後1年以内に施行
2020年 6月 3日	透明化法　公布

第2 透明化法の概要

1 透明化法の趣旨

　デジタルプラットフォームは様々なイノベーションを起こし、ビジネスの可能性を広めた反面、それに頼らざるを得ない中小の事業者に対して、独占禁止法上問題となり得る行為や、不当な行為を行っているという問題も指摘されている。透明化法は、イノベーションを阻害しないよう配慮しつつ、これらの問題行為が是正されることを目的として制定されたものである。

2 透明化法の規律対象

　透明化法は、特定デジタルプラットフォーム提供者による問題行為を是正し、透明かつ公正な取引環境を整備するために、政令で定める事業の区分及び規模に該当するものとして指定されたデジタルプラットフォーム提供者（以下「特定デジタルプラットフォーム提供者」という。）とその利用事業者（以下「商品等提供利用者」という。）との間の取引関係を規律するものである（ただし、開示義務については、一部一般利用者に対して開示すべき事項が規定されている。）。

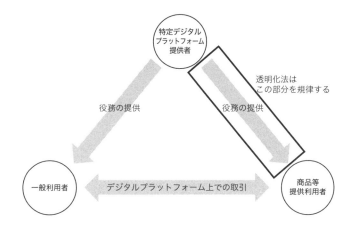

3 法律構造

透明化法は、大まかに、デジタルプラットフォームの定義、特定デジタルプラットフォーム提供者の指定、指定された特定デジタルプラットフォームに課される義務（提供条件の開示、自主的な手続・体制の整備、モニタリング・レビュー）、公正取引委員会への措置請求及びその他雑則等という構成になっている。

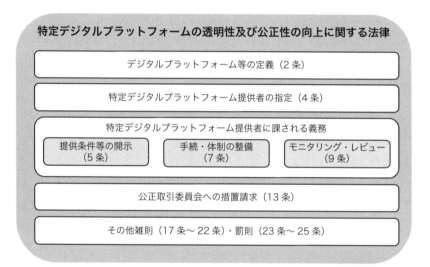

以下**第3**では、透明化法の主な規律であるデジタルプラットフォームの定義、特定デジタルプラットフォーム提供者の指定、特定デジタルプラットフォーム提供者に課される義務について説明し、併せて、特定デジタルプラットフォーム提供者が負う義務に関して、彼らと取引を行う立場である商品等提供利用者の視点から本法の活用のポイントについて解説する。

第**3** 透明化法の規律

1 定 義

⑴ 多様なデジタルプラットフォーム

デジタルプラットフォームには様々なものがあり、政府の公表資料[注5]・[注6]においては、オンライン・ショッピング・モール、インターネット・オークション、オンライン・フリーマーケット、アプリケーション・マーケット、検索サービス、コンテンツ（映像、動画、音楽、電子書籍等）配信サービス、予約サービス、シェアリングエコノミー・プラットフォーム、ソーシャル・ネットワーキング・サービス、動画共有サービス、電子決済サービスが取り上げられている。

⑵ デジタルプラットフォームの特徴

デジタルプラットフォームは、ネットワーク効果、両面市場、低い限界費用等の特徴から、短期間のうちに事業の規模が急速に拡大し、市場支配力を形成し、維持しやすいという特徴がある。以下、透明化法のデジタルプラットフォームの定義に関係するこれらの特性を説明する。

① ネットワーク効果による規模の拡大の連鎖

ネットワーク効果には、直接ネットワーク効果と間接ネットワーク効果がある。直接ネットワーク効果とは、同じネットワークに属する利用者が多ければ多いほど、それだけ利用者の効用が高まる効果である。これは、例えば、オンラインモールでいうと、一般利用者の参加や利用が増えれば増えるほど、口コミや評価が充実し、他の一般利用者にとっても便利なサービスとなること等をいうものである。また、間接ネットワーク効果とは、同じネットワークに属する利用者グループが複数存在

(注5) 経済産業省、総務省、公正取引委員会「デジタル・プラットフォーマーを巡る取引環境整備に関する中間論点整理」（2018年12月12日）

(注6) 公正取引委員会「デジタル・プラットフォーマーの取引慣行等に関する実態調査報告書」（2019年10月31日）（以下「公取委報告書」という。）

25

し、その利用者グループの間で、一方のグループの利用者が増えれば増えるほど、他方のグループの利用者の効用も高まる効果である。これは、上記のオンラインモールの例でいうと、一般利用者の参加や利用が増えると、商品等提供利用者側はより多くの一般利用者にアプローチできること等をいうものである。

これらの直接及び間接のネットワーク効果が組み合わさることによって利用者の参加・利用が連鎖的に増え続け、急速な規模拡大が生じ、一気に市場支配力を形成・獲得することを可能としている。

これに加え、デジタルプラットフォームは利用者の膨大なデータを収集、蓄積しそれらを分析することにより、サービスの質を向上させることにより、更に利用者が増加して収集、分析できるデータが更に増加するというデータ利活用の循環構造も発生し得る。

② 両面市場により規模の拡大と利益の確保の両立が可能

デジタルプラットフォームは、商品等提供利用者と一般利用者といったように異なる複数の利用者グループを引き合わせる場を提供しており、いわゆる両面市場（又は多面市場）といった特徴を持つ。そのため、サブシディサイドという無料（又は低額）でプラットフォームサービスを提供する利用者グループ（一般ユーザーなど（一般利用者）の価格の需要弾力性が高い利用者グループ）と、マネーサイドという有料でプラットフォームサービスを提供する利用者グループ（出品事業者など（商品等提供利用者）の価格の需要弾力性が低い利用者グループ）に分けることにより、参加・利用の極大化を図りつつ、サービスをマネタイズすることが可能となっている。

③ デジタルでの構築により規模の拡大への制約が最小限

デジタルプラットフォームは、百貨店のようなリアルのプラットフォーム・ビジネスが抱える所在地、店舗の規模（床面積）、等の地理的・物理的制約を受けることないため、その商圏や集客規模はほとんど無制限に拡大することができる。

⑶ デジタルプラットフォームの定義（2条1項）の構造説明

上記⑵で述べたデジタルプラットフォームの特徴を踏まえて、透明化法では、次のとおり定義されている。

「デジタルプラットフォーム」とは、①多数の者が利用することを予定して③電子計算機を用いた情報処理により構築した①場であって、①当該場において商品、役務又は権利（以下「商品等」という。）を提供しようとする者の当該商品等に係る情報を表示することを常態とするもの（次の各号のいずれかに掲げる関係を利用したものに限る。）を、多数の者に③インターネットその他の高度情報通信ネットワーク（放送法（昭和25年法律第132号）第2条第1号に規定する放送に用いられるものを除く。）を通じて提供する役務をいう。

　一　②当該役務を利用して商品等を提供しようとする者（以下この号及び次号において「提供者」という。）の増加に伴い、当該商品等の提供を受けようとする者（以下この号において「被提供者」という。）の便益が著しく増進され、これにより被提供者が増加し、その増加に伴い提供者の便益が著しく増進され、これにより提供者が更に増加する関係

　二　②当該役務を利用する者（提供者を除く。以下この号において同じ。）の増加に伴い、他の当該役務を利用する者の便益が著しく増進され、これにより当該役務を利用する者が更に増加するとともに、その増加に伴い提供者の便益も著しく増進され、これにより提供者も増加する関係

上記下線部①は、商品等の情報を表示することによって異なる利用者グループをつなぐ「場」であること（両面市場性）を表しており、上記下線部③は、コンピュータを用いた情報処理により構築され、インターネット等を通じて提供されること（オンライン性）を表している。オンライン性には、コンピュータで構築されていることという一段階目と、インターネットにより提供されていることという二段階目のオ

ンライン性がある。

　また、上記下線部②は、1号が主に、オンラインモールやアプリストアを念頭においたネットワーク効果、2号が主に、SNSや検索サービスといったいわゆる広告収入モデルのサービスを念頭においたネットワーク効果を表しており、それぞれ直接ネットワーク効果及び間接ネットワーク効果を含んでいる。

1号のネットワーク効果イメージ

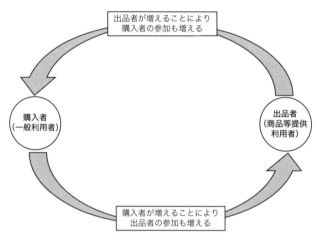

2号のネットワーク効果イメージ

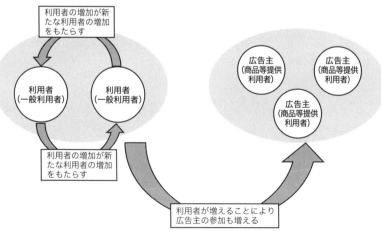

⑷ デジタルプラットフォームのステークホルダーの定義関係

透明化法が定義するデジタルプラットフォームには、ステークホルダーとして「デジタルプラットフォーム」、「商品等提供利用者」及び「一般利用者」の三者が規定されている。主なデジタルプラットフォームと定義の関係は以下のとおりである。

デジタルプラットフォームの類型	具体例	商品等提供利用者	一般利用者
オンラインモール	Amazon.co.jp 楽天市場	販売事業者	購入者（消費者）
アプリストア	App Store Google Play	アプリ開発事業者	利用者（消費者）
SNS	Facabook Twitter	広告主	参加者（消費者）
オンライン検索サービス	Google検索 Yahoo!検索	広告主	利用者（消費者）

2 特定デジタルプラットフォームの指定（4条1項）

⑴ 手 続

上記1では、透明化法上の「デジタルプラットフォーム」の定義を説明したが、同法は、「特定デジタルプラットフォーム提供者」として指定されたものに対して、取引の透明性及び公正性を向上するための規律を課すものである。

指定する前提として、デジタルプラットフォームにより提供する「事業の区分」と「規模」を政令（経済産業省令）で定めることとなっている。この「事業の区分」及び「規模」は、以下のメルクマールを考慮し定められる（4条3項）。

---

① 当該分野の国民生活及び国民経済への影響の大きさ

② 当該分野の一部のデジタルプラットフォームへの利用の集中の度合い

③ 取引の実情及び動向を踏まえた商品等提供利用者の保護の必要性

④ 他の規制や施策での対応の状況

⑤ 当該分野内で一定の規模（売上高等）があると認められること

この政令に定められた「事業の区分」及び「規模」の両方を満たすデジタルプラットフォームを提供する事業者には、経済産業大臣に届出を行う義務が課せられる。その届出を受け、経済産業大臣は、特定デジタルプラットフォーム提供者の該当性を判断し、指定を行うこととなる。

ただし、「事業の区分」及び「規模」を満たす事業者から届出がなくとも、経済産業大臣は、政令を制定する段階で必要な調査ができることとなっており（透明化法15条）、その調査で収集した資料や情報に基づき、「事業の区分」及び「規模」を満たす事業者を特定デジタルプラットフォーム提供者として指定することも可能となっている。

⑵　対象となり得るデジタルプラットフォーム

現在、透明化法が当面の対象とするデジタルプラットフォームは、大規模なオンラインモール及びアプリストアとされている^(注7)。

オンラインモールは、上位3社（楽天市場、Amazon.co.jp、Yahoo!ショッピング）にシェアが集中し、多くの出品事業者にとっては容易にオンラインモールの利用を中止又は変更することができない状況となっている（2017年の消費者向けeコマース市場における取扱高ベースのシェアは、楽天市場が26.4%、Amazon.co.jpが25.0%、Yahoo!ショッピングが7.0%、Qoo10が0.9%とされている^(注8)）。これに加え、オンラインモール上に出品事業者のこれまでの売上データ等の情報が蓄積されていることもオンラインモールの利用を中止又は変更することを難しくしている。

アプリストアは、上位2社（App Store、Google Play）にシェアが集中し、多くの出品事業者にとっては容易にアプリストアの利用を中

(注7) 経済産業省「特定デジタルプラットフォームの透明性及び公正性の向上に関する法律案の概要（2／2）」⑵規律の対象参照。
(注8) 前掲公取委報告書が引用する株式会社富士経済「通販・eコマースビジネスの実態と今後2019」参照。

止又は変更することができない状況となっている（2018年のアプリストアにおける売上額ベースのシェアは、App Storeが55%、Google Playが45%とされている^(注9)）。

3 特定デジタルプラットフォームに係る規律

⑴ 提供条件等の開示（5条）

ア 条文構造

開示義務を定めた5条は、1項においてデジタルプラットフォームの提供条件一般の開示方法を規定しており、2項から4項において商品等提供利用者又は一般利用者に対する具体的な開示事項を規定している。

2項以降の規定は、常時開示すべき事項（2項）及び行為時に開示すべき事項（3項及び4項）に大きく分類される。さらに、行為時に開示すべき事項は、特定の行為を行うまでに開示すべき事項（3項）及び特定の行為を行う場合に、事前に定められた日数の猶予をもって開示すべき事項（4項）に分類される。

また、このうち、2項の2号についてのみ、一般利用者に対する開示事項が規定されている。

イ 商品等提供利用者に対して常時開示すべき事項（2項1号）

2項1号は「商品等提供者」と定義されている出品事業者等に対する開示事項（常時開示すべき事項）が規定されている。具体的には以下のとおりである。

> ① 当該特定デジタルプラットフォームの提供を拒絶することがある
>   場合における拒絶するかどうかを判断するための基準（同号イ）

(注9) 前掲公取委報告書が引用するアップアニー調査情報参照。

公正取引委員会の「デジタル・プラットフォーマーの取引慣行等に関する実態調査」（以下「実態調査」という。）によると、商品等提供利用者からデジタルプラットフォームへの商品等^{（注10）}の出品時の審査について、そのデジタルプラットフォーム又はその関連会社の商品等と競合する商品等について、出品時の審査基準が不明確であり予見可能性がない、不明確な出品拒否が行われるといった問題が指摘されている。

　これらの問題は、競合する商品等提供利用者と一般利用者の間の取引を不当に妨害する場合には、競争者に対する取引妨害等として独占禁止法上問題となり得るし、また、公正性・透明性を高め、公正な競争環境を確保するためには、情報の開示や説明が必要であるとされている。

　そこで、透明化法は、オンラインモールやアプリストアにおける商品等の出品時の審査について、審査基準として出品できない商品等のリストや出店者が出店停止となる行為を開示することを求めることとした。これにより、商品等提供利用者の審査に対する予見可能性が担保され、審査の公正性・透明性を高めることを図るものである。

> **中小事業者のポイント**
>
> 　商品等提供利用者としては、審査基準が開示されていない又は不明確であるといった場合には、当該特定デジタルプラットフォーム提供者に審査基準の開示又は明確化を求める協議を申し入れるとともに、開示義務の履行に関して勧告権限を有する経済産業大臣に報告（10条）することやモニタリング・レビューの手続に則り、経済産業大臣に意見を述べること（9条）を検討すべきである。

(注10) 透明化法は、デジタルプラットフォーム上で提供する商品、役務、権利を「商品等」と表現しており（2条1項柱書）、ここではデジタルプラットフォームに出品される商品やアプリ等を表している。

> ② 当該特定デジタルプラットフォームの提供に併せて商品等提供利用者に対して自己の指定する商品若しくは権利を購入すること又は自己の指定する他の役務の有償の提供を受けることを要請する場合におけるその内容及び理由（同号ロ）

　実態調査によると、商品等提供利用者がデジタルプラットフォーム提供者から（手数料が増加する）決済システムや有償のチャットツールの導入を強制されたといった問題が指摘されている。

　これらの問題は、取引上の地位が商品等提供利用者に優越しているデジタルプラットフォーム提供者が、正常な商慣習に照らして不当に、商品等提供利用者に不利益を及ぼす場合には、優越的地位の濫用として独占禁止法上問題となり得るとされている。

　そこで、透明化法は、例えば、決済システムや有償のチャットツールなどの導入を要請する場合には、「その内容」として、利用できるシステムの範囲や利用できるチャットツール（顧客との連絡手段）の範囲及び手数料などの利用条件、並びに「理由」として、手数料の確実な回収のため、顧客との円滑なコミュニケーションを行うためといった事項を示すことを求めることとした[注11]。

中小事業者のポイント

　商品等提供利用者としては、特定デジタルプラットフォーム提供者が上記の内容及び理由を示すことなく、特定のシステムや有償ツールの導入を要請してきた場合には、利用できるシステムやツールの範囲、利用条件及び理由を示すことを求める協議を申し入れるとともに、経済産業大臣に報告することやモニタリング・レビューの手続に則り、経済産業大臣に意見を述べることを検討すべきである。

[注11] これらの「内容」や「理由」をどの程度まで詳細に示すべきかは、今後の運用に委ねられており、本文中の例示はあくまで本原稿執筆時点における筆者の個人的な見解である。

　実態調査によると、デジタルプラットフォーム提供者やその関連会
社と競合関係にある商品等について、デジタルプラットフォーム提供
者やその関連会社の商品等はオススメとして表示がされたことがある
のに対し、それと競合する商品等提供利用者の商品等はオススメとし
て表示されたことがないことや、競合する商品等の（そのデジタルプ
ラットフォーム内での）検索順位が徐々に下落していったなどの問題
が指摘されている。

　これらの問題は、競合する商品等提供利用者と一般利用者の取引を
不当に妨害する場合には、競争者に対する取引妨害等として独占禁止
法上問題となり得るとされている。

　そこで、透明化法は、特定デジタルプラットフォームにおいて商品
等の検索結果又はランキングを表示する場合、商品等の直近の販売数
や購入者からの評価などの表示順位に大きく影響を及ぼすパラメータ
を開示することを求めることとした。

中小事業者のポイント

　商品等提供利用者としては、特定デジタルプラットフォーム提供者
がこれらのパラメータを開示していない又は開示が不十分である場合
には、主要なパラメータの開示を求める協議を申し入れるとともに、
経済産業大臣に報告することやモニタリング・レビューの手続に則
り、経済産業大臣に意見を述べることを検討すべきである。

---

④ 当該特定デジタルプラットフォーム提供者が商品等提供データを取得し、又は使用する場合における当該商品等提供データの内容及びその取得又は使用に関する条件（同号ニ）

　実態調査によると、商品等提供利用者からデジタルプラットフォーム提供者がそのプラットフォーム上の商品等の販売数量、販売価格、顧客情報等の取引データを得た上で、同種の商品を後追い的に販売していることや自らの商品等の販促活動に利用することができるといった問題が指摘されている。

　これらの問題は、競合する商品等提供利用者と一般利用者の間の取引を不当に妨害する場合には、競争者に対する取引妨害等として独占禁止法上問題となり得るとされている。

　そこで、透明化法は、特定デジタルプラットフォーム提供者が、そのデジタルプラットフォーム上の商品等提供利用者が提供する商品等の販売数量や販売価格などの取引データを取得し、又は使用する場合には、そのデータの内容及び取得・使用に関する条件を示すことを求めることとした。

中小事業者のポイント

　商品等提供利用者としては、特定デジタルプラットフォーム提供者が取引データを取得又は使用していると思われる場合には、上記の取引データの内容やその取得・使用の条件を示すことを求める協議を申し入れるとともに、経済産業大臣に報告することやモニタリング・レビューの手続に則り、経済産業大臣に意見を述べることを検討すべきである。

---

⑤ 商品等提供利用者が当該特定デジタルプラットフォーム提供者の保有する商品等提供データを取得し、又は当該特定デジタルプラットフォーム提供者をして当該商品等提供データを他の者に提供させ

> ることの可否並びに当該商品等提供データの取得又は提供が可能な
> 場合における当該商品等提供データの内容並びにその取得又は提供
> に関する方法及び条件（同号ホ）

　実態調査によると、デジタルプラットフォームへのデータの集積・利活用が更なるサービスの拡充をもたらすことから、デジタルプラットフォームの参加する商品等提供利用者には高いスイッチングコストが生じ、ロックイン効果が働くことがあるとされている。また、総務省の調査[注12]によると、商品等提供利用者の多くはデジタルプラットフォーム上のデータの取得・移転に関する条件について不明確だと思ったことがある（又はそのような仕組みがあるかどうか分からない）と回答している。

　そこで、透明化法は、商品等提供利用者が、そのデジタルプラットフォーム上のデータを取得（ダウンロード）し、又は他の事業者に提供させること（データの直接移転やAPI開放による他の事業者によるデータの取得。以下「移転」という。）の可否並びに取得又は移転が可能な場合には、そのデータの内容、取得又は移転の方法及び条件を開示することを求めることとした。

> **中小事業者のポイント**
> 　商品等提供利用者としては、特定デジタルプラットフォーム提供者が上記各事項を開示していない場合には、その開示を求める協議を申し入れるとともに、経済産業大臣に報告することやモニタリング・レビューの手続に則り、経済産業大臣に意見を述べることを検討すべきである。

（注12） 総務省「デジタル・プラットフォーマーのデータの取扱い等に関する調査について」
（2019年11月5日）

コラム

　5条2項1号ホのデータの取得や移転については、「データの移転・開放等の在り方に関するオプション」において、データの移転・開放の方法として整理されたものが規定されており、それぞれのイメージは以下のとおりである。

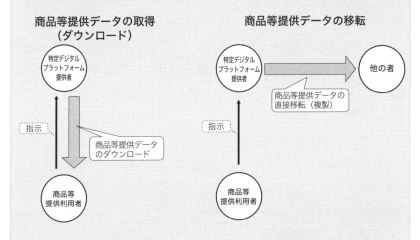

商品等提供データの取得
（ダウンロード）

商品等提供データの移転

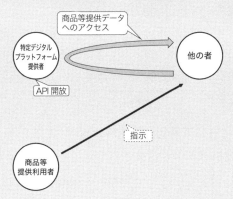

商品等提供データの移転

※各図は「データの移転・開放等の在り方に関するオプション」を参考に作成。

　実態調査によると、商品等提供利用者から、デジタルプラットフォームの相談用のコールセンターへ連絡しても「何も分からない」などと回答されたのみで何の解決にもならかったことや取引条件が一方的であり交渉の余地がないといった問題が指摘されている。

　これらの問題は、直ちに独占禁止法上の問題を生じるものとはされていないものの、取引の公正性・透明性を高め、公正な競争環境を確保するためには、相談の受付体制の構築や、審査に係る相談に応じることが必要とされている。

　そこで、透明化法は、商品等提供利用者が苦情の申出又は協議の申入れを行う場合、その担当部署、担当者、連絡先などを開示することを求めることとした。

中小事業者のポイント

　商品等提供利用者としては、苦情の申出や協議の申入れの方法が開示されていない場合には、その特定デジタルプラットフォーム事業者の既知の窓口や部署に対し、その開示を求めるとともに、経済産業大臣に報告することやモニタリング・レビューの手続に則り、経済産業大臣に意見を述べることを検討すべきである。

ウ　一般利用者に対して常時開示すべき事項（2項2号）

　2項2号は「一般利用者」と定義されている一般ユーザー（消費者）に対する開示事項（常時開示すべき事項）が規定されている。具体的には以下のとおりである。

① 前号ハに掲げる事項（同号イ）

　本開示事項は、1号ハにおいて商品等提供利用者に対しても同様の開示を義務付けられている表示順位やランキングを決定する主要なパラメータである。一般利用者への本事項の開示は、一般利用者が表示順位等の意味を理解し、自主的・合理的な商品等の選択を行うことを促し、その結果として特定デジタルプラットフォーム提供者と商品等提供利用者間の取引関係の改善につながり得るとして規定されたものである。

> ②　当該特定デジタルプラットフォーム提供者が商品等購入データ（一般利用者による商品等に係る情報の検索若しくは閲覧又は商品等の購入に係るデータ）を取得し、又は使用する場合における当該商品等購入データの内容及びその取得又は使用に関する条件（同号ロ）

　本開示事項は、特定デジタルプラットフォーム提供者が一般利用者に対して商品等購入履歴等のデータを取得又は使用する場合にそのデータの内容及び条件について開示するものである。これにより、一般利用者がそのデータを取得されることや使用されることを把握し、不当なデータ収集を行うような特定デジタルプラットフォームの利用を避けることなどが可能となる。このように、一般利用者が自主的・合理的な選択ができる環境を整備することが、特定デジタルプラットフォーム提供者によるデータの取得や使用の公正性を確保することにつながり、商品等提供利用者とのデータ利用の不当な差異を抑止することを図るものである。

エ　特定の行為を行うまでに開示すべき事項（3項）

　3項は特定デジタルプラットフォーム提供者が各号に定められた行為を行う場合にその行為の相手方に対して開示すべき事項（行為時に開示すべき事項のうち、特定の行為を行うまでに開示すべき事項）が規定されている。具体的には以下のとおりである。

① 商品等提供利用者に対する当該特定デジタルプラットフォームの提供条件によらない取引の実施の要請　その内容及び理由（同項1号）

　実態調査によると、オンラインモールにおいて、事前の取引条件には定められていない商品紹介画像の背景を白抜きにすることや異なるアプリを一つのアプリにまとめることを要請されるといった問題が指摘されている。

　これらの問題は、取引上の地位が商品等提供利用者に優越しているデジタルプラットフォーム提供者が、正常な商慣習に照らして不当に、商品等提供利用者に不利益を及ぼす場合には、優越的地位の濫用として独占禁止法上問題となり得るとされている。

　そこで、透明化法は、あらかじめ定められていた（あるいは開示されていた）提供条件によらない作業の要請（背景の白抜きやアプリの統合など）を行う場合には、その内容及び理由を示すべきこととした。

中小事業者のポイント

　商品等提供利用者としては、提供条件にない作業などの要請を受けた場合にその内容及び理由が示されないときには、その開示を求めるとともに、経済産業大臣に報告することやモニタリング・レビューの手続に則り、経済産業大臣に意見を述べることを検討すべきである。また、内容によっては、契約内容に含まれないとしてその作業や取引を行わないという対応も考えられる。

---

② 継続して当該特定デジタルプラットフォームを利用する商品等提供利用者に対する当該特定デジタルプラットフォームの提供の拒絶（当該提供の全部を拒絶する場合を除く。）　その内容及び理由（同項2号）

　実態調査によると、デジタルプラットフォーム提供者又はその関連会社の提供する商品等と競合する商品等を出品した際に、競合を理由

とした出品拒否が行われる、出品拒否される場合に理由が示されないといった問題が指摘されている。

　出店や出品の承諾は、基本的にはプラットフォーム提供者の取引先選択の自由に委ねられる。しかし、プラットフォーム提供者が競合する商品等を排除する、又は当該商品等の価格を維持するなど、独占禁止法上不当な目的を達成するために不承認とする場合には、単独の直接取引拒絶等として独占禁止法上問題となり得るとされている。

　そこで、透明化法は、特定デジタルプラットフォームを利用している商品等提供利用者に対するその提供の一部拒絶を行う場合には、その拒絶する内容及び理由を示すべきこととした。

中小事業者のポイント

　商品等提供利用者としては、提供の一部拒絶を受けた場合には、その際に示された拒絶の内容及び理由が不当なものであるときは拒絶が不当であることを理由とする一部拒絶の撤回等を求める協議を申し入れることや、一部拒絶の理由が示されないときにはその理由を示すべきことを求める協議を申し入れることが考えられる。また、併せて経済産業大臣に報告することやモニタリング・レビューの手続に則り、経済産業大臣に意見を述べることを検討すべきである。

オ　事前に定められた日数の猶予をもって開示すべき事項（4項）

　4項は特定デジタルプラットフォーム提供者が各号に定められた行為を行う場合にその行為の相手方に対して開示すべき事項（行為時に開示すべき事項のうち、一定の予告期間を設けたうえで、開示すべき事項）が規定されている。具体的には以下のとおりである。

---

① 商品等提供利用者に対する当該特定デジタルプラットフォームの
　提供条件の変更　その内容及び理由（同項1号）

実態調査によると、規約を一方的に変更され手数料を引き上げたり、新しい決済システムを導入されたといった問題が指摘されている。

　これらの問題は、取引上の地位が商品等提供利用者に優越しているデジタルプラットフォーム提供者が、正常な商慣習に照らして不当に、商品等提供利用者に不利益を及ぼす場合には、優越的地位の濫用として独占禁止法上問題となり得るとされている。

　そこで、透明化法は、提供条件を変更する場合（例えば、規約を変更し手数料を引き上げる場合）には、一定の予告期間を設けたうえで、商品等提供利用者に対してその内容及び理由を示し、商品等提供利用者が対応するのに十分な期間を設けることとした。

　なお、透明化法はあくまで行政法規であり民事上の法律行為に影響を与えるものではないため、この一定の予告期間を設けることなく提供条件の変更がなされた場合であっても、民法等の私法上の要件を満たしていれば契約等の効力に影響を与えるものではない。

> **中小事業者のポイント**
>
> 　商品等提供利用者としては、この予告期間が設けられていない場合や開示事項が示されていない場合には、予告期間を設けるべき旨や開示事項を示すべき旨の協議を申し入れるとともに、経済産業大臣に報告することやモニタリング・レビューの手続に則り、経済産業大臣に意見を述べることを検討すべきである。

> ②　継続して当該特定デジタルプラットフォームを利用する商品等提供者に対する当該特定デジタルプラットフォームの提供の全部の拒絶　その旨及び理由（同項2号）

　実態調査によると、商品等提供利用者は、デジタルプラットフォームへの取引依存度が非常に高いにもかかわらず、アカウントを停止される場合に簡単な理由しか示されず、なぜその規約に違反するのかと

いう具体的な理由については説明がないといった問題が指摘されている。

　これらの問題は、直ちに独占禁止法上問題となるものとはされていないが、取引の公正性・透明性を高め、公正な競争環境を確保する必要があるとされている。

　そこで、透明化法は、商品等提供利用者への不利益が大きいことから、アカウントを停止する場合には、一定の予告期間を設けたうえで、商品等提供利用者に対してその旨及び理由を示すべきこととした。これにより、商品等提供利用者が、アカウント停止を避けるための措置をとることや他のデジタルプラットフォームへの移転その他の対応をとることを可能とするものである。

中小事業者のポイント

　商品等提供利用者としては、この予告期間が設けられていない場合や開示事項が示されていない場合には、予告期間を設けるべき旨や開示事項を示すべき旨の協議を申し入れるとともに、経済産業大臣に報告することやモニタリング・レビューの手続に則り、経済産業大臣に意見を述べることを検討すべきである。

　なお、提供条件等の開示については、その義務履行の担保として、勧告や命令が規定されている（6条）。まず、特定デジタルプラットフォーム提供者が開示義務を遵守していない場合には、経済産業大臣から勧告が行われ、その勧告をした旨が公表される（同条1項、3項）。その後、勧告にもかかわらず正当な理由なく勧告に係る措置をとらない場合には、経済産業大臣からその措置をとるべき旨の命令がなされ、その命令をした旨が公表される（同条4項、6項）。この命令にも従わなかった場合には、100万円の罰金が科せられる（23条）。

　透明化法は、勧告、命令の公表や罰金が科された場合に、その特定

デジタルプラットフォームに及ぶブランドイメージの低下などのレピュテーションリスクを回避するため、特定デジタルプラットフォーム提供者自身の自主的な判断による取組を行うことを期待するものである。

⑵　自主的な手続・体制の整備義務（7条）

実態調査によると、出品停止等の処分を受けた場合にデジタルプラットフォーム提供者に対し相談をしても何の解決にもならなかったといった問題が指摘されている。

これらは、直ちに独占禁止法上違法とされるものではないが、取引の公正性・透明性を高め、公正な競争環境を確保するためには、相談を受け付ける体制を構築し、審査に係る相談に応じることなどが必要とされている。

そこで、透明化法は、利用者からの合理的な要請に対応する体制・手続を整備するなど、特定デジタルプラットフォーム提供者と商品等提供利用者との間の取引関係における相互理解の促進を図ることが必要なことから、「特定デジタルプラットフォーム提供者と商品等提供利用者との間の取引関係における相互理解の促進を図るために必要な措置を講じなければならない」とした（7条1項）。

この特定デジタルプラットフォーム提供者が講じるべき措置については、各特定デジタルプラットフォーム提供者によって様々な具体的内容が考えられることから、一義的には特定デジタルプラットフォーム提供者自身の判断に委ねられている。

そのうえで、その判断に資するものとして経済産業大臣が「必要な指針」を定めることとなっており（7条2項）、その指針に定める事項は以下のとおりである（7条3項各号）。

> ①　特定デジタルプラットフォーム提供者と商品等提供利用者との間
> の取引関係における相互理解の促進を図るために必要な措置に関す

る基本的な事項（同条項1号）

② 商品等提供利用者に対する特定デジタルプラットフォームの提供が公正に行われることを確保するために必要な体制及び手続の整備に関する事項（同条項2号）

③ 特定デジタルプラットフォームについての商品等提供利用者からの苦情の処理及び特定デジタルプラットフォーム提供者と商品等提供利用者との間の紛争の解決のために必要な体制及び手続の整備に関する事項（同条項3号）

④ 特定デジタルプラットフォーム提供者が商品等提供利用者その他の関係者と緊密に連絡を行うために国内において必要な業務の管理を行う者の選任に関する事項（同条項4号）

⑤ 前各号に掲げるもののほか、特定デジタルプラットフォーム提供者が商品等提供利用者の意見その他の事情を十分に考慮するために必要な措置に関する事項（同条項5号）

　指針は、現時点では公表されておらず、透明化法の施行に向けて、上記5点の観点から必要と考えられる措置に関する事項が盛り込まれることとなる。

　なお、7条1項の規定に基づき特定デジタルプラットフォーム提供者の講ずべき措置が不十分な場合には、経済産業大臣による勧告の対象となり得る（8条1項）。

⑶　モニタリング・レビュー（9条）

　透明化法は、特定デジタルプラットフォーム提供者による透明性及び公正性の向上に向けた自主的・自律的な取組を促進するものである。

　そのため、自主的取組が透明性及び公正性の向上に資しているか否かをモニタリング（監視）し、それをレビュー（評価）する必要がある。そこで、透明化法は、①特定デジタルプラットフォーム提供者から経済産業大臣に対して、9条1項1号から5号に定められた事項を記載

した報告書を提出し（1項）、②経済産業大臣がその報告書の内容及び利用者から申し出を受けた事実（10条1項）その他の経済産業大臣が把握する事実に基づき評価を行い（2項）、③その評価を踏まえ特定デジタルプラットフォーム提供者が更なる透明性及び公正性の自主的な向上に努める（6項）ことにより、取引環境の改善のサイクルを生じさせる仕組みを設けている。

　経済産業大臣は、②の評価を行う際には、「利用者又はその組織する団体、学識経験者その他の経済産業大臣が必要と認める者」の意見を聴くことができることとなっており、多様なステークホルダーの意見を評価に反映させることができる仕組みとなっている。モニタリング・レビューのイメージは以下のとおりである。

モニタリング・レビューの概要

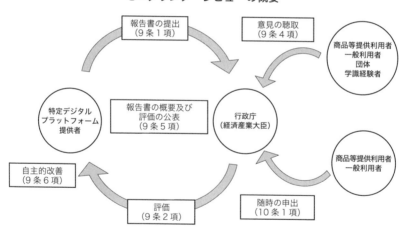

ずべき措置を講じていないと認めるときには、経済産業大臣に対し、その旨を報告して、適当な措置をとるべきことを求めることができる（10条1項）。後者は、モニタリング・レビューのタイミングに限らず、いつでも行うことが可能である。

4　その他（公取委への措置請求、雑則、罰則、附則）

以上の提供条件等の開示、自主的な手続・体制の整備、モニタリング・レビューの他に、経済産業大臣が透明化法を執行する過程で、特定デジタルプラットフォームの透明性及び公正性を阻害する行為があり、その事実が独占禁止法に違反していると認めるときは、公正取引委員会に対して同法に従い適当な措置をとるべきことを求めることができるとする公正取引委員会への措置請求（13条）や雑則（17条から22条）及び罰則（23条から25条）が定められている。

なお、附則において公布の日から起算して1年を超えない範囲内において政令で定める日から施行するとされており、2020年6月3日に公布されているため、2021年6月2日までに施行されるものである。

第4　今後の動向

透明化法自体は成立したものの、特定デジタルプラットフォームを定める政令、提供条件の開示事項等を定める省令及び自主的な手続・体制の整備の詳細を定める指針はまだ作成、公表されていない。また、公取委報告書で指摘されていた問題となる行為について、現時点ではまだ対応がなされていないものも残っている。

また、デジタル市場競争会議において「デジタル広告市場の競争評価中間報告」でデジタル広告市場への今後検討対象となり得る具体的なオプションが示され、また、自由民主党政務調査会及び競争政策調査会の「デジタル広告分野の健全な発展に向けたルール整備について」

には、デジタル広告市場の健全な発展に向けたルール整備について、透明化法の活用も選択肢の一つとしルール整備の詳細を検討していくべきとされており、透明化法はデジタル広告市場のルール整備についても活用される可能性を秘めている。

さらに、基本原則のうち実現されていないデータポータビリティ[注13]については、デジタル市場競争会議の「デジタル市場競争に係る中間展望レポート」でもデータポータビリティの実装の必要性について触れられている[注14]。

以上のように、透明化法は、現時点ではその規律の全貌が明らかになっていないことに加え、デジタル広告市場のルール整備を含めこれからの活用の幅も広がり得るものであり、同法の今後の活用及び基本原則で示されたデータポータビリティの実現に向けた政府、国会、プラットフォーム提供者及びその利用者（団体）等の動向に注目する必要がある。

(注13) 透明化法においては、データの取得、移転等の可否やそのデータの範囲、条件等の開示が義務付けられているにとどまる。
(注14) EUではGDPRにデータポータビリティの規定があり、それを受け、Apple、Facebook、Google、Microsoft、Twitter（いずれも米国企業）などの企業がData Transfer Projectという取組を行っている。

第**3**章

令和2年改正
個人情報保護法の概要

本章の位置付け

　令和2年6月12日、「個人情報の保護に関する法律等の一部を改正する法律」（令和2年法律第44号。以下「改正法」という。）が成立した。個人情報の保護に関する法律（平成15年法律第57号。以下、改正法により改正された個人情報保護法を「改正個人情報保護法」又は「改正個情法」という。）の改正としては、平成27年以来のものとなる。改正法施行日は、同法附則において、「公布の日から起算して2年を超えない範囲内において政令で定める日から施行する」とされており、個人情報保護委員会において、令和4年春から令和4年6月までの施行を念頭に、準備が行われているところである^(注1)。

　本章では、まず、個人情報保護法の基本的な概念について説明を行う。個人情報保護法の規律を理解するにあたっては、定義規定を理解した上で、個人情報の取扱いの場面ごとにどのような規律が課せられるのかを理解することが重要である。

　その上で、改正個人情報保護法の概要について、現行法の規律等も適宜紹介しつつ、解説を行う。改正法においては、漏えい等の事態が生じたときの個人情報保護委員会への報告・本人への通知の義務化、イノベーションを促進する観点からの仮名加工情報の創設など、重要な改正が含まれている。改正法の詳細については、今後制定される政令・規則・ガイドライン等によって定められる部分もあるが、本章が改正法の概要と事業者における留意事項等を理解する一助となれば幸いである。

(注1) 第144回個人情報保護委員会「資料1　個人情報の保護に関する法律等の一部を改正する法律の成立を受けた個人情報保護委員会の今後の取組（案）について」6頁

第1 個人情報保護法の基本的な概念

1　個人情報保護法の構造

現行の個人情報保護法の章立ては、以下のとおり、全7章からなる。

第1章　総則（第1条—第3条）

第2章　国及び地方公共団体の責務等（第4条—第6条）

第3章　個人情報の保護に関する施策等

　第1節　個人情報の保護に関する基本方針（第7条）

　第2節　国の施策（第8条—第10条）

　第3節　地方公共団体の施策（第11条—第13条）

　第4節　国及び地方公共団体の協力（第14条）

第4章　個人情報取扱事業者の義務等

　第1節　個人情報取扱事業者の義務（第15条—第35条）

　第2節　匿名加工情報取扱事業者等の義務（第36条—第39条）

　第3節　監督（第40条—第46条）

　第4節　民間団体による個人情報の保護の推進（第47条—第58条）

第5章　個人情報保護委員会（第59条—第74条）

第6章　雑則（第75条—第81条）

第7章　罰則（第82条—第88条）

　個人情報保護法は、官民で取り扱われる個人情報の保護に関する基本法としての性格を有しており[注2]、第1章から第3章は基本法としての性格が強い部分である。

　事業者として、個人情報を取り扱う上で、まず理解しておくべき内容は、2条の定義規定と、「第4章　個人情報取扱事業者の義務等」（とりわけ同章の「第1節　個人情報取扱事業者の義務」）である。「第4章　個人情報取扱事業者の義務等」においては、事業者が個人情報

（注2） 園部逸夫・藤原静雄編『個人情報保護法の解説　第二次改訂版』（ぎょうせい、2018）2頁

を取り扱う際の具体的な義務が定められており、まずは個人情報の取扱いの場面ごとにどのような規律が課せられるのかを理解することが肝要である。

2　個人情報保護法の定義規定

　個人情報保護法は、個人情報取扱事業者による個人情報の取扱いを規律するものである。個人情報保護法上、個人情報、個人データ、保有個人データのそれぞれについて定義が置かれ、その分類に応じて一定の義務が課せられている。

　すなわち、個人情報保護法は、取り扱う対象が、個人情報、個人データ、保有個人データのいずれであるかによって、規律のレベルを変えていることから、それらの定義を理解し、実際に取り扱う情報がこのいずれに該当するか検討することが必要になる。

(1)　個人情報の定義

　「個人情報」とは、生存する個人に関する情報のうち、①当該情報に含まれる氏名、生年月日その他の記述等により特定の個人を識別することができるもの（他の情報と容易に照合することができ、それにより特定の個人を識別することができることとなるものを含む。個情法2条1項1号）と②個人識別符号が含まれるもの（個情法2条1項2号）が該当する。

　①に関して、「特定の個人を識別することができる」とは、社会通念上、一般人の判断力や理解力をもって、生存する具体的な人物と情報との間に同一性を認めるに至ることができることをいうとされている[注3]。氏名は、もともと個人を識別するものとして用いられており、

(注3)「個人情報の保護に関する法律についてのガイドライン」及び「個人データの漏えい等の事案が発生した場合等の対応について」に関するQ&A（以下「個人情報保護法Q&A」という。）」1−1

これ自体で個人情報に該当する[(注4)]。氏名以外に個人情報に該当する例としては、本人の氏名と組み合わせた生年月日・連絡先、防犯カメラに記録された情報等本人が判別できる映像情報、特定の個人を識別できるメールアドレスが挙げられる[(注5)]。

　また、個人情報の定義においては、「他の情報と容易に照合することができ、それにより特定の個人を識別することができる」かどうかの判断が重要になる場合がある（いわゆる容易照合性）。容易照合性については、事業者の実態に即して個々の事例ごとに判断されるべきであるが、通常の業務における一般的な方法で、他の情報と容易に照合することができる状態をいうとされる[(注6)]。例えば、メールアドレスについては、ユーザー名及びドメイン名から特定の個人を識別することができない場合[(注7)]（例：abc123@example.com）については、それ単独で個人情報に該当しないものの、メールアドレスと会員情報を紐付けて管理している場合には、メールアドレスも個人情報に該当する。近時よく議論の対象となるものとして、端末識別子の個人情報該当性がある。端末識別子については、会員情報等の個人情報を紐付けて管理している場合には、個人情報に該当するため、留意が必要である。

　②の個人識別符号については、個人情報の定義を明確化する観点から、平成27年改正により新たに設けられたものであり、個人識別符号を含む情報は、それ単体で個人情報に該当することになる。個人識別符号には、ⅰ身体の特徴の一部（例えば、DNA配列や顔の容貌）を

(注4) 本人と同姓同名の人が存在する可能性もあるが、個人情報保護法においては、氏名のみであっても、社会通念上、特定の個人を識別することができるものとして、個人情報に該当するものとしている（個人情報保護法Q&A1–2）。
(注5) 「個人情報の保護に関する法律についてのガイドライン（通則編）」2–1
(注6) 「個人情報の保護に関する法律についてのガイドライン（通則編）」2–1
(注7) 例えば、suzuki_ichiro@example.comのようにユーザー名及びドメイン名から特定の個人を識別することができる場合には、それ自体が単独で個人情報に該当することになる（個人情報保護法Q&A1–4）。

コンピュータ処理できるように変換した符号（個情法2条2項1号）と
ⅱサービス利用や書類において対象者ごとに割り振られる符号（旅券
番号、免許証番号、住民票コード、マイナンバー等。個情法2条2項2号）
がある。携帯電話番号やクレジットカード番号については、様々な契
約形態や運用実態があること等から、個人識別符号に位置付けられて
いない^(注8)。

(2) 個人データの定義

　個人データとは、個人情報取扱事業者が管理する個人情報データ
ベース等（特定の個人情報をコンピュータを用いて検索することができる
ように体系的に構成した、個人情報を含む情報の集合物。個情法2条4項）
を構成する個人情報をいう（個情法2条6項）。個人情報保護法におい
ては、データベース化された情報は、権利侵害のおそれが高まってい
ることを前提に、個人情報データベース等を構成する個人データの取
扱いについては、個人情報よりも重い義務を事業者に課している。

　個人情報データベース等に該当するものとしては、例えば、電子メー
ルソフトに保管されているメールアドレス帳（メールアドレスと氏名を
組み合わせた情報を入力している場合）、従業者が、名刺の情報を業務用
パソコンの表計算ソフト等を用いて入力・整理している場合が挙げら
れる^(注9)。このように個人情報データベース等に該当する場合において
は、それを構成する個人情報や、個人情報データベース等から出力さ
れた個人情報はいずれも個人データに該当することになる。

(3) 保有個人データの定義

　保有個人データとは、個人情報取扱事業者が、本人又はその代理人
から請求される開示、内容の訂正、追加又は削除、利用の停止、消去

(注8) 個人情報保護法Q&A1−22
(注9) 「個人情報の保護に関する法律についてのガイドライン（通則編）」2−4

及び第三者への提供の停止の全てに応じることができる権限を有する個人データをいう。

　例えば、個人データの取扱いについて、外部の事業者等に委託をしている場合があるが、委託先が委託元に確認することなく、独自に開示等を行うことができない場合も多く、そのような場合は、委託先が開示等の権限を有しないことから、委託先においては保有個人データに該当しない^(注10)。

　また、保有個人データについては、現行法では、「その存否が明らかになることにより公益その他の利益が害されるものとして政令で定めるもの」又は「一年以内の政令で定める期間以内に消去することとなるもの」は除外されている。「その存否が明らかになることにより公益その他の利益が害されるものとして政令で定めるもの」については、個人情報の保護に関する法律施行令（平成15年政令第507号。以下「施行令」という。）で具体的に定められており、その内容は以下のとおりである。これらに関し、本人から保有個人データの開示請求があった場合でも、開示請求の対象外となる。

施行令の規定	具体例
当該個人データの存否が明らかになることにより、本人又は第三者の生命、身体又は財産に危害が及ぶおそれがあるもの（施行令４条１号）	家庭内暴力、児童虐待の加害者及び被害者を本人とする個人データ
当該個人データの存否が明らかになることにより、違法又は不当な行為を助長し、又は誘発するおそれがあるもの（施行令４条２号）	暴力団等の反社会的勢力に該当する人物を本人とする個人データ
当該個人データの存否が明らかになることにより、国の安全が害されるおそれ、他国若しくは国際機関との信頼関係が損なわれるおそれ又は他国若しくは国際機関との交渉上不利益を被るおそれがあるもの（施行令４条３号）	要人を本人とする行動予定等の個人データ
当該個人データの存否が明らかになることにより、犯罪の予防、鎮圧又は捜査その他の公共の安全と秩序の維持に支障が及ぶおそれがあるもの（施行令４条４号）	捜査関係事項照会等を受けた事業者が作成した照会受理簿等

(注10) 個人情報保護法Q&A1–52

また、「一年以内の政令で定める期間以内に消去することとなるもの」に関しては、6か月以内に消去することとなるものが除外されている（施行令5条）。

(4)　要配慮個人情報の定義

　「要配慮個人情報」とは、本人の人種、信条、社会的身分、病歴、犯罪の経歴、犯罪により害を被った事実その他本人に対する不当な差別、偏見その他の不利益が生じないようにその取扱いに特に配慮を要するものとして政令で定める記述等が含まれる個人情報をいう（個情法2条3項）。人種、信条、犯罪歴等の情報は、その情報をもとに差別や偏見を生み得るものであることから、特に慎重な取扱いが求められ、個人情報保護法上も、取得にあたって原則本人の同意を必要とするなど（個情法17条2項）、特別の規律を設けている。

(5)　個人情報取扱事業者の定義

　「個人情報取扱事業者」とは、個人情報データベース等を事業の用に供している者のうち、国の機関、地方公共団体、独立行政法人等の保有する個人情報の保護に関する法律で定める独立行政法人等及び地方独立行政法人法で定める地方独立行政法人を除いた者をいう。

　ここでいう「事業」とは、一定の目的をもって反復継続して遂行される同種の行為であって、かつ社会通念上事業と認められるものをいい、営利・非営利の別は問わない[注11]。

　例えば、従業員等の情報を個人情報データベース等として保有し、事業の用に供している民間事業者は、それだけで個人情報取扱事業者に該当する。平成27年改正前は、過去6か月以内のいずれかの時点でも5,000人以下の個人情報しか取り扱っていない事業者は、「個人

(注11)「個人情報の保護に関する法律についてのガイドライン（通則編）」2-5

情報取扱事業者」の定義から除外されていたが、平成27年改正により、そのような除外規定が廃止された。その結果、現行法では広範な事業者が個人情報取扱事業者として個人情報保護法の規律を受けることとなっている。例えば、NPO法人や自治会・町内会、同窓会、PTAのような非営利の活動を行っている団体もこれに該当する^(注12)。

3 個人情報の取扱いの各場面における規律の概要

　以下では、これまでに説明した概念を前提に、個人情報の取扱いの各場面における規律の概要を説明する。

(1) 取得・利用における規律

ア 利用目的

　個人情報取扱事業者は、個人情報を取り扱うにあたっては、利用目的をできる限り具体的に特定しなければならない（個情法15条1項）。利用目的の特定の程度としては、「事業活動に用いるため」といった抽象的、一般的な記載ではなく、「当社の新商品のご案内の送付のため」といった程度に具体的に記載をする必要がある。

　また、個人情報の取得にあたっては、原則として、本人に利用目的を通知又は公表する必要がある（個情法18条1項）。そして、原則として、特定した利用目的の達成に必要な範囲で個人情報を取り扱わなければならないことになる。このように、個人情報の利用目的を特定させ、それによって取扱いを拘束することで、個人情報の適正な取扱いを図ろうとしている。

イ 適正な取得

　個人情報取扱事業者は、偽り等の不正の手段により個人情報を取得

してはならない（個情法17条1項）。例えば、個人情報を取得する主体や利用目的等について、意図的に虚偽の情報を示して、本人から個人情報を取得する場合や、個人情報保護法23条1項に規定する第三者提供制限違反がされようとしていることを知り、又は容易に知ることができるにもかかわらず、個人情報を取得する場合はこれに該当すると考えられる[注13]。

　また、個人情報保護法においては、個人情報の取得にあたって本人の同意を必要としていないが、例外的に要配慮個人情報（個情法2条3項）を取得する場合には、あらかじめ本人の同意を得なければならない（個情法17条2項）。

⑵　保管における規律

　個人情報取扱事業者は、利用目的の達成に必要な範囲内において、個人データを正確かつ最新の内容に保つとともに、利用する必要がなくなったときは、当該個人データを遅滞なく消去するよう努めなければならない（個情法19条）。

　また、個人情報取扱事業者は、その取り扱う個人データの漏えい、滅失又は毀損（以下「漏えい等」という。）の防止その他の個人データの安全管理のため、必要かつ適切な措置を講じなければならない（個情法20条）。このような安全管理のための措置は、個人データが漏えい等をした場合に本人が被る権利利益の侵害の大きさを考慮し、事業の規模及び性質、個人データの取扱状況（取り扱う個人データの性質及び量を含む。）、個人データを記録した媒体の性質等に起因するリスクに応じて、必要かつ適切な内容としなければならない[注14]。安全管理措置の具体的内容については、個人情報の保護に関する法律についてのガイドライン（通則編）「8（別添）講ずべき安全管理措置の内容」に記載され

(注13)「個人情報の保護に関する法律についてのガイドライン（通則編）」3-1-2
(注14)「個人情報の保護に関する法律についてのガイドライン（通則編）」3-3-2

ている。

また、従業員に個人データを取り扱わせるときは、従業員に対する監督義務を負い（個情法21条）、個人データの取扱いを委託する場合には、委託先に対する監督義務も生じる（個情法22条）。

⑶ 提供における規律

事業活動の中で、親子兄弟会社・グループ会社の間で個人データを交換したり、フランチャイズ組織の本部と加盟店の間で個人データを交換するなど、様々な場面で個人データを第三者に提供することがある。このように、個人データを第三者に提供する場合には、原則として、本人の同意を必要としている（個情法23条１項）。

ただし、以下の場合は例外的に、本人の同意が不要となる[注15]（同項各号）。

個人情報保護法の規定	具体例
法令に基づく場合（個情法23条１項１号）	刑事訴訟法197条２項の規定による捜査関係事項照会に対応する場合
人の生命、身体又は財産の保護のために必要がある場合であって、本人の同意を得ることが困難であるとき（個情法23条１項２号）	急病その他の事態が生じたときに、本人について、その血液型や家族の連絡先等を医師や看護師に提供する場合
公衆衛生の向上又は児童の健全な育成の推進のために特に必要がある場合であって、本人の同意を得ることが困難であるとき（個情法23条１項３号）	児童虐待のおそれのある家庭情報を、児童相談所、警察、学校、病院等が共有する必要がある場合
国の機関若しくは地方公共団体又はその委託を受けた者が法令の定める事務を遂行することに対して協力する必要がある場合であって、本人の同意を得ることにより当該事務の遂行に支障を及ぼすおそれがあるとき（個情法23条１項４号）	事業者が税務署又は税関の職員等の任意の求めに応じて個人情報を提出する場合

(注15) 本文中に挙げている以外の具体例については、「個人情報の保護に関する法律についてのガイドライン（通則編）」3–1–5参照。

また、個人情報保護法上、委託、事業の承継、共同利用に伴って個人データを移転する場合については、本人の同意なく個人データの提供を行うことが可能である（個情法23条5項各号）。

　これらの場合において、個人データの提供先（委託先や共同利用先）は個人情報取扱事業者とは別の主体として形式的には第三者に該当するものの、本人との関係において提供主体である個人情報取扱事業者と一体のものとして取り扱うことに合理性があるため、第三者に該当しないものとされている。

　なお、第三者提供に該当する場合、個人データの流通に係るトレーサビリティを図る観点から、原則として、提供元及び提供先の双方に第三者提供時の確認記録が義務付けられている（個情法25条、26条）。

⑷　開示請求等への対応

　保有個人データについては、一定の事項を本人の知り得る状態に置く必要がある（個情法27条1項）。また、本人から、保有個人データについて、開示（個情法28条）、訂正等（個情法29条）、利用停止等（個情法30条）等の請求があった場合には、その要件を満たす場合には、これに応じる必要がある。

第2　令和2年改正個人情報保護法の概要

　以下では、今回の改正された事項について、現行法のルールを適宜説明しつつ、事業者における留意点等についても適宜解説を行う。

1　保有個人データに関する本人関与の強化
⑴　保有個人データの定義の改正
ア　改正の概要

　現行法では、開示等の対象となる保有個人データについて、6か月

以内に消去されるものは除外されている（施行令5条）。これは、短期間で消去される個人データについては、データベースに蓄積されて取り扱われる時間が限られること等から、個人の権利利益を侵害する危険性が低いと考えられていたからである。しかし、短期間で消去される個人データについても、消去されるまでの間に漏えい等が発生し、瞬時に拡散する危険が現実のものとなっており、個人の権利利益を侵害する危険性が低いとは限らない。

　そこで、改正法により、定義規定のうち短期保存データを除外することとしていた部分を削除することとし、保有個人データの範囲が拡張されることとなった。なお、保有個人データの定義のうち、それ以外の部分は変更されておらず、改正後も「公益その他の利益が害されるものとして政令で定めるもの」(施行令4条)は引き続き保有個人データの定義から除外されることになる。

イ　事業者における留意事項等

　事業者においては、6か月以内に消去されるものであっても、開示請求等があった場合にはこれに対応できるよう、体制を整備することが求められる。この点、事業者において、開示請求等があった場合に対応するために、保存期間を長く設定しておくという対応は個人情報保護法上は求められていない[注16]。例えば、これまで取得後24時間以内に消去していた個人データについて、開示請求等があった場合のために保存期間を長くするといった対応が求められるものではない。

　短期保存データの除外する規定が削除された以外に、保有個人データの定義に変更はなく、いわゆる散在情報まで開示の対象となるものではない。

[注16] 事業者が取り扱う個人データについては、利用する必要がなくなったときに遅滞なく消去することが努力義務として定められている（個情法19条）。

⑵　法定公表事項の追加

ア　改正の概要

　現行法において、開示請求等により、本人が保有個人データに適切に関与することを可能にする前提として、個人情報取扱事業者が一定の事項を公表することとされている（個情法27条1項）。

　現行法の規定においては、「当該個人情報取扱事業者の氏名又は名称」は公表事項とされる一方で、住所や代表者の氏名はこれに含まれていない。しかし、住所等は本人が当該事業者を特定し、また連絡を行う上で必要な事項（注17）であることから、これを公表事項に追加することとしている（改正個情法27条1項1号）。

　また、個人情報保護委員会「個人情報保護法 いわゆる3年ごと見直し 制度改正大綱」（令和元年12月13日）においては、個人情報の取扱体制や講じている措置の内容、保有個人データの処理の方法等を公表事項として追加することとされているが、その内容については今後検討されることになる。

イ　事業者における留意事項等

　今回の改正で個人情報取扱事業者の住所及び法人の場合の代表者の氏名が法定公表事項として追加されたことから、これを法定公表事項として加える必要がある（注18）。

　また、今後、政令において新たな公表事項が追加された場合には、当該内容について、公表を行う必要がある。

(注17) 例えば、同一の名称の法人が複数存在することもあり、住所や代表者が示されていないと、本人は特定を行うことができない。

(注18) 実務上、いわゆるプライバシーポリシーを公表することで、個人情報の取扱いに関する事項とあわせて個人情報保護法27条1項の公表等を行っている事例があるが、このような場合においては、当該プライバシーポリシーの記載に住所等を追加する等の対応が考えられる。

⑶ 開示方法の見直し

ア 改正の概要

　現行法上、本人は個人情報取扱事業者に対して、保有個人データの開示を請求することができるところ、事業者が保有個人データの開示を行う場合、その開示の方法については、書面の交付による方法が原則とされており（施行令9条）、開示の請求を行った者が同意した方法があるときは、当該方法による開示を行うことができるとされている。そのため、開示請求を行う者が、書面以外の方法による開示を望んだ場合であっても、事業者はそれに従う必要はなく、書面による開示を行えば足りることとなる。

　しかし、開示請求の対象となる保有個人データについては、膨大な量になる場合や、動画や音声等、書面による開示になじまない場合もある。

　そこで、改正法においては、本人の利便性向上の観点から、本人は、電磁的記録の提供による方法その他の個人情報保護委員会規則で定める方法による開示を請求することができることとしている。個人情報保護委員会規則で定める方法は、今後検討されるものであるが、現時点においては、電磁的記録の提供による方法のほかに、書面の交付による方法等が想定される。この点、本人が電磁的記録の提供の方法を選択した場合に、ファイル形式等まで含めて細かく指定することは予定されておらず、あくまで電磁的記録の提供による方法や書面の交付による方法といった粒度で選択することが想定される。

イ 事業者における留意事項等

　現行法上、書面による開示が原則となっているところ、本人が電磁的記録の提供による方法を含め開示方法を選択できるようになることで、開示を受けた本人が当該データを利用しやすくなるものと考えられる。

　事業者側においても、本人が電磁的記録の提供による方法や書面の

交付による方法を選択できるようになったことを前提に対応を進めるとともに、開示等の請求等に応じる手続（個情法32条）や手数料（同法33条）についても改めて検討を行う必要がある。なお、本人が開示方法を選択できるとしても、本人の濫用的な請求を認めるものではなく、例えば、改正法の規定を濫用するような形で、電磁的記録の提供にふさわしい音声等のデータを、個人が、業務を妨害するために、あえて書面で請求するような場合は、「業務の適正な実施に著しい支障を及ぼすおそれ」（改正個情法28条2項2号）があるため、開示請求に応じる必要はないものと考えられる。

⑷　第三者提供記録の開示

ア　改正の概要

現行法においては、個人情報取扱事業者が第三者に個人データを提供した場合及び第三者から個人データの提供を受けた場合、一定事項に係る記録（第三者提供記録）の作成を行う必要がある（個情法25条及び26条）。ここで作成された記録は、違反事案等が発生した際に監督機関である個人情報保護委員会が確認することが想定されていたものの、本人が開示請求を行うことは想定されていなかった[注19]。

改正法においては、個人情報の流通に係るトレーサビリティについては、本人にとって利用停止等の請求権を行使する上で必要であることから、第三者への提供時及び第三者からの受領時の記録も、開示請求の対象とすることとしている（改正個情法28条5項）。

イ　事業者における留意事項等

本改正により開示の対象となる第三者提供記録は、現行法上既に作

（注19） なお、現行法においても、第三者提供記録が保有個人データに該当する場合には開示の対象となる。

成義務のある記録を新たに本人の開示請求の対象に加えるものである。現行法においても、以下のような場合は、第三者提供記録の作成義務がない。

例外となる根拠	具体例
23条1項各号に該当する場合	弁護士会からの照会[20]に対応して個人データを提供する場合
23条5項各号に該当する場合	委託により個人データを提供する場合
第三者が2条5項各号に掲げる者である場合	国の機関に対して個人データを提供する場合
解釈により確認・記録義務が適用されない場合	振込依頼を受けた仕向銀行が、被仕向銀行に対して、振込依頼に係る情報を提供する場合

　そこで、事業者においては、どのような個人データの第三者提供が行われているか把握し、それについて、確認記録義務があるものとして取り扱われているのか、改めて確認する必要がある。また、事業者においては、第三者提供記録の開示に関し、開示等の請求等に応じる手続や手数料についても検討を行う必要がある。

⑸　利用停止等の要件の緩和
ア　改正の概要
　現行法上、保有個人データに関し、利用停止等と第三者提供の停止の請求が認められているが、その要件は、個人情報保護法16条（利用目的による制限）又は個人情報保護法17条（適正な取得）に違反したときに限られている。
　改正法において、保有個人データに係る本人関与を強化する観点から、以下の場合については、当該保有個人データの利用停止等又は第三者への提供の停止を請求することができることとしている。

（注20） 弁護士法23条の2

① 個人情報取扱事業者が利用する必要がなくなった場合
② 改正個人情報保護法22条の2第1項の漏えい等の事態が発生した場合
③ 本人の権利又は正当な利益が害されるおそれがある場合

①に関して、個人情報取扱事業者は、個人データを利用する必要がなくなったとき、すなわち利用目的を達成したときは、当該個人データを遅滞なく消去することが努力義務となっている（個情法19条）。改正法では、このような場合を個人の権利又は正当な利益が害されるおそれのある場合として例示している。具体的には、小売事業者がダイレクトメール等を送付する目的で名簿屋等から個人情報を取得してダイレクトメールを送付した場合において、本人からダイレクトメールの送付の停止の要請を受けてダイレクトメールの送付を停止したときは、既に利用目的を達成したものと認められるため、「利用する必要がなくなった」に該当すると考えられる。

②に関して、改正法において、個人の権利利益を害するおそれが大きい漏えい等が生じた際の個人情報保護委員会への報告及び本人への通知が義務化されたが、そのような事態が発生した場合に、利用停止等の請求を行うことを認めるものである。

上記①及び②は例示であり、その他の場合にも「本人の権利又は正当な利益が害されるおそれがある場合」には、利用停止等が認められることとなっている。「本人の権利又は正当な利益が害されるおそれ」の有無は、法目的に照らして保護に値する正当な利益が、一般人の認識を基準として、客観的にみて侵害されるおそれがあるかどうかによって判断することになる。そのため、料金の支払を免れるという目的や、係争時に不利な証拠を消去するといった目的がある場合においては、通常、「本人の権利又は正当な利益が害されるおそれ」がないと考えられる。

　仮に「本人の権利又は正当な利益が害されるおそれがある場合」という要件を満たす場合であっても、個人情報取扱事業者は、必ずしも本人から請求された措置の全てをそのまま講ずる必要があるとは限らない。

　まず、本人の請求に理由がある場合であっても、「本人の権利利益の侵害を防止するために必要な限度で」、利用停止等又は第三者への提供の停止を行うとされているのであるから（改正個情法30条6項）。そのため、保有個人データの全部消去を請求された場合であっても、一部の消去や、消去ではなく利用の停止での対応で足りる場合もある。

　また、利用停止等又は第三者への提供の停止を行うことが困難であり、かつ、代替措置を講じる場合には、本人の権利利益を保護するため必要なこれに代わるべき措置をとるときは、利用停止等の請求に応じないことが例外的に許容されている。

イ　事業者における留意事項等

　利用停止等の請求の要件は、現行法において、法16条又は法17条違反に限定されており、事業者側としては、法令に違反しない限り、これらの請求を受けることはなかった。改正法によって、請求の対象が拡大され、当該本人の権利又は正当な利益が害されるおそれがある場合に権利行使が可能となったことで、本人からみれば様々な場面で権利行使できるようになり、事業者からみれば法違反がなくとも請求を受けるようになった。「当該本人の権利又は正当な利益が害されるおそれ」については、それぞれの事案で個別的に判断する必要があるが、法令上又は制度上当該保有個人データを一定期間保存する必要がある場合には、その趣旨も踏まえて判断されることになる。例えば、インターネットサービスプロバイダが保有する接続認証ログ等について消去請求があった場合には、通常プロバイダが情報を保有することで「当該本人の権利又は正当な利益が害されるおそれ」があるとまで

はいえないと考えられるが、インターネットサービスプロバイダが、それらの情報を保有し続けることで、「当該本人の権利又は正当な利益が害される場合」に該当するケースは想定できず、請求要件に該当しないため、消去等の請求は認められないことが多いと考えられる。この点については今後個人情報保護委員会のガイドラインやQ&Aでも示される予定である。

2　第三者提供に係る規制の強化

⑴　オプトアウト規定の強化

ア　オプトアウト規定の概要

　現行法においては、本人の求めに応じて当該本人が識別される個人データの第三者への提供を停止することを条件に、事前の本人の同意を得ることなく第三者に個人データを提供することができる規定（オプトアウト規定）が設けられている。オプトアウト規定は、大量の個人データを広く一般に提供する場合を念頭に置いた規定である。本来、このような場合であっても、事前に本人同意を取得して第三者提供することが望ましいが、住宅地図作成事業者等、社会的な有用性のある事業者を行う上で事前の本人同意取得が困難な場合もあることから、例外的な取扱いが認められている。オプトアウト規定により、個人データを第三者に提供する場合には、必要な事項（オプトアウト届出事項）を、あらかじめ、本人に通知し、又は本人が容易に知り得る状態に置くとともに、個人情報保護委員会に届け出なければならない（個情法23条2項）。

　また、個人情報保護委員会は、届出のあった事項を公表することとなっており（個情法23条4項）、これにより、本人はオプトアウト規定に基づく第三者提供を行っている事業者（オプトアウト届出事業者）や第三者提供されている個人データ項目などを確認し、本人が当該第三者提供の停止を求めることができる。

イ　改正の概要

改正法では、①不正取得された個人データ、②オプトアウト規定によって取得された個人データについても、オプトアウト規定によって提供することを禁止している。

①については、個人が不正に持ち出した名簿を、オプトアウト届出事業者が取得して提供する事例があることに対応するための改正である。現行法において、不正取得自体禁止されている（個情法17条１項）ため、その観点からすると当然のことを定めた規定であるといえる。

②については、いわゆる名簿屋間での名簿交換が行われている実態を踏まえての規制である。すなわち、いわゆる名簿屋事業者が、オプトアウト規定により、他の同業者に名簿等を提供している実態が明らかとなった。このような実態を踏まえると、名簿屋間で個人データがやり取りされ、本人の権利行使が現実的に困難になる。そこで、オプトアウト規定により取得したデータをさらにオプトアウト規定によって提供することを禁止したものである。なお、オプトアウト規定によって提供されたデータを自社で利用することや、それを本人同意に基づいて第三者提供すること自体は禁止されていない。

また、オプトアウト規定に基づく個人データの第三者提供について、個人情報保護委員会はその実態を把握した上で、適切に権限を行使する必要がある。しかし、オプトアウトの届出に関しては、個人情報保護法上、事業者の住所等の基本的な事項が法定の届出事項となっていないことから、届出後、一定期間経過後に住所変更等により連絡がつかなくなる場合がある。

そこで、改正法においては、オプトアウト届出事項について、第三者への提供を行う個人情報取扱事業者の氏名又は名称及び住所等を加えることとしており、そのほか、第三者に提供される個人データの取得の方法等を加えている（改正個情法23条２項）。さらに、オプトアウ

ト規定に基づく提供をやめた後の届出も新たに義務付けている（改正個情法23条3項）。

ウ　事業者における留意事項等

現行法下でオプトアウト規定に基づく第三者提供を行っている事業者は、現在提供を行っている個人データの内容を再度確認する必要がある。特に、改正法施行後は、他の名簿屋等のオプトアウト届出事業者からオプトアウト規定により取得した個人データについて、改正法施行前に取得した個人データも含めて、オプトアウト規定により提供することができなくなることから、注意が必要である。

また、本改正において、届出事項が追加されたことから、現行法下においてオプトアウト届出を行っている事業者は、改めて届出を行う必要がある。

(2)　越境移転の際の情報提供の充実
ア　改正の概要

現行法においては、外国への個人データの移転については、通常の個人データの提供（個情法23条）とは別に特則が設けられており、次の①～③までのいずれかに該当する場合を除き、あらかじめ「外国にある第三者への個人データの提供を認める旨の本人の同意」を得る必要がある（個情法24条）。

> ①　当該第三者が、我が国と同等の水準にあると認められる個人情報保護制度を有している国として個人情報の保護に関する法律施行規則で定める国にある場合[注21]
> ②　当該第三者が、個人情報取扱事業者が講ずべき措置に相当する措

(注21) 平成31年個人情報保護委員会告示第1号により、欧州経済協定（EEA）に規定された国が指定されている。

> 置を継続的に講ずるために必要な体制として規則で定める基準に適
> 合する体制を整備している場合
> ③　個人情報保護法23条１項各号に該当する場合

　現行法上、本人の同意を得て外国にある第三者へ個人データの提供
を行う場合、必ずしも当該外国の国名や、当該外国における個人情報
保護に関する制度についての情報提供までは求められていない。

　改正法においては、外国第三者提供を行う際の本人への情報提供の
充実を求めている。すなわち、改正法においては、外国にある第三者
への個人データの提供を認める旨の本人の同意を得ようとする場合に
は、「本人に参考となるべき情報」を当該本人に提供することが義務
付けられる（改正個情法24条２項）。

　また、適切な体制を整備している第三者に提供した場合には、当該
第三者による個人データの取扱いについて個人情報取扱事業者が講ず
べきこととされている措置に相当する措置の継続的な実施を確保する
ために必要な措置を講ずるとともに、本人の求めに応じて当該必要な
措置に関する情報を当該本人に提供しなければならないこととしてい
る（改正個情法24条３項）。

イ　事業者における留意事項等

　事業者においては、まず、どのような外国第三者提供が行われてい
るかと改めて把握した上で、移転の根拠と移転先の国を整理する必要
がある。

　そして、外国第三者提供に関して、本人同意を根拠に移転を行って
いる場合には、移転先国の名称や個人情報の保護に関する制度等を本
人に情報提供する必要がある。具体的な情報提供の粒度については、
今後、規則やガイドライン等で示されていくものであるが、本人の予
見可能性を高めるという趣旨からすれば、必ずしも網羅的な情報提供

を行う必要はないと考えられる。個人情報保護委員会においては、事業者の参考となるべき一定の情報を調査して公表することを予定していることから、これを参考にするなどして、対応していくことが考えられる。

⑶　個人関連情報の第三者提供の制限等
ア　改正の概要

近年、個人情報ではないユーザーの属性情報や閲覧履歴等を、提供先において他の情報と照合することにより個人情報とされることをあらかじめ知りながら、他の事業者に提供する事業形態が出現している。実際、令和元年に、いわゆる就職活動サイトを運営していた事業者が、顧客企業に対し、就活生が内定を辞退する確率を、提供を受けた顧客企業において特定の個人を識別できることを知りながら、本人の同意なく提供していた事案が明らかになった。

この点、第三者提供の制限の対象となる個人データの該当性については、提供元の個人情報取扱事業者を基準として判断することとされているところ、この立場からすれば、提供元においては個人データに該当しないが、提供先においては個人データに該当する場合に関しては、個人データの第三者提供規制が適用されないことになる。

今回の改正では、こうした本人関与のない個人情報の収集方法が広まることを防止するため、個人データに該当しないものを第三者に提供する場合であっても、提供先で個人データとなることが想定されるときは、個人データの第三者提供に準じる規制を課すこととしたものである。

「個人関連情報」とは、法律上、「生存する個人に関する情報であって、個人情報、仮名加工情報及び匿名加工情報のいずれにも該当しないもの」とされている（改正個情法26条の2第1項柱書）。具体的には、氏名と結びついていないインターネットの閲覧履歴、位置情報、

イメージ

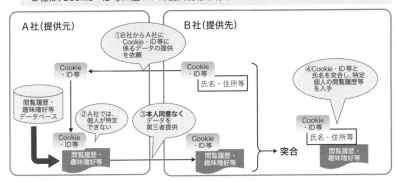

・A社とB社でCookie・ID等を共有。
・A社は、Cookie・ID等に係る氏名等の個人情報を有していない。
・B社は、Cookie・ID等に紐づいた個人情報を有しており、A社はその事実を知っている。

A社(提供元)　B社(提供先)

①B社からA社にCookie・ID等に係るデータの提供を依頼

Cookie・ID等

Cookie・ID等
氏名・住所等

④Cookie・ID等と氏名を突合し、特定個人の閲覧履歴等を入手

閲覧履歴・趣味嗜好等データベース

②A社では、個人が特定できない

③本人同意なくデータを第三者提供

Cookie・ID等
氏名・住所等

Cookie・ID等

Cookie・ID等

閲覧履歴・趣味嗜好等

閲覧履歴・趣味嗜好等

Cookie・ID等
閲覧履歴・趣味嗜好等

突合

閲覧履歴・趣味嗜好等

(出典)第127回個人情報保護委員会「資料1　個人情報保護を巡る国内外の動向」53頁

Cookie等が想定される[注22]。

　改正個人情報保護法26条の2第1項の規律は、個人関連情報の提供行為全般に対して課せられるものではなく、「第三者が個人関連情報を個人データとして取得することが想定されるとき」に課せられるものである。

　これに該当する事例として、まず、提供先の第三者によって個人データとして取得されることを、提供元の個人関連情報取扱事業者が現に想定している場合が考えられる。具体的には、提供元の個人関連情報取扱事業者において、第三者となる提供先の事業者から、事前に「個人関連情報を受領した後に他の情報と照合して個人データとする」旨を告げられている場合などが考えられる。

　また、提供先の第三者から告げられていなくても、当該第三者との取引状況等の客観的事情に照らし、一般人の認識を基準とすれば、当

(注22) 個人情報や個人情報を加工して得られた仮名加工情報や匿名加工情報は、定義上、個人関連情報に該当しないこととなる。また、いわゆる統計情報は、特定の個人との対応関係が排斥されている限りにおいては、「個人に関する情報」ではないため、個人関連情報に該当しないこととなる。

該第三者によって個人データとして取得されることを通常想定できる場合が考えられる。具体的には、第三者に個人関連情報を提供する際、当該第三者において当該個人関連情報を氏名等と紐付けて利用することを念頭に、そのために用いる固有ID等も併せて提供する場合などが考えられる。

このような場合においては、個人関連情報の提供元事業者は、個人関連情報の提供にあたり、本人から同意取得できていることを確認しなければならないことになる。

イ　事業者における留意事項等

提供元ではある個人の閲覧履歴等の個人関連情報を第三者に提供し、提供先の第三者において、顧客情報等の個人データと結びつけることが想定される場合、改正個人情報保護法26条の2が適用されることになる。

個人関連情報の提供元としては、「想定される場合」に該当するのか、精査をする必要がある。「想定される場合」としては、提供先において個人データとなることを告げられている場合のみならず、一般人の認識を基準とすれば通常想定される場合も含まれる。提供元と提供先の間での契約において、提供先が個人データとして取得しない旨を手当てすることも考えられ、そもそも「想定される場合」に該当しない状況を担保することも考えられる。

その上で、「想定される場合」に該当するのであれば、提供元が同意取得されていることを確認し、その旨を記録する必要がある。

3　その他事業者の義務規定に係る改正
(1)　漏えい等報告・本人への通知
ア　改正の概要
現行法上、事業者において漏えい等が発生した場合の個人情報保

護委員会への報告については、「個人データの漏えい等の事案が発生した場合等の対応について」（平成29年個人情報保護委員会告示第1号）において定められているが、法律上の義務とはなっていない。同様に、漏えい等が発生した場合の本人への通知についても、個人情報保護法上、義務付けられていない。

改正法においては、漏えい等が発生した場合に、個人情報保護委員会が事態を早急に把握し、必要な措置を講じることができるよう、個人の権利利益の侵害のおそれが大きい事態については、個人情報保護委員会への報告を義務付けることとしている（改正個情法22条の2第1項本文）。

また、本人が漏えい等の発生を認知することで、本人が自らの権利利益の保護に必要な措置を講じられるよう、漏えい等が発生した場合に、本人への通知を義務付けることとしている（改正個情法22条の2第2項本文）。

漏えい等報告の対象となる事案については、「個人の権利利益を害するおそれが大きいものとして個人情報保護委員会規則で定めるもの」とされており、その類型は個人情報保護委員会規則で定められることとなる。具体的には、まず、個人データの性質と漏えい等の態様に着目し、要配慮個人情報の漏えい等、不正アクセスによる漏えい等、財産的被害に至るおそれがある個人データの漏えい等を対象とすることが想定される。これらの類型については、件数にかかわりなく個人情報保護委員会への報告の対象とすることが想定される。

また、これらの類型に該当しない場合であっても、一定数以上の大規模な漏えい等については、事業者の安全管理措置の観点から問題があると考えられるため、個人情報保護委員会への報告の対象とすることが想定される。

報告の時間的制限についても、今後、委員会規則で定められることとなっているが、速報・確報と二段階に分けて報告することが予定さ

れている。

　速報については、報告内容を限定した上で、個人情報保護委員会に速やかに報告することを求めるものであり、明確な時間的制限は設けないことが想定される。

　また、確報については、速報の後に、速報で報告できなかった事項を含めて報告を求めるものであり、一定の時間的猶予を設けることが想定される。

　漏えい等報告の対象となる事案が発生した場合には、同様に本人に対する通知を行わなければならない。本人への通知の方法については、個人情報保護委員会規則で定められるものであるが、事案の概要等を、文書の郵送、電子メールの送信といった方法で通知することが考えられる。

　本人への通知義務の例外については、本人への通知が困難である場合に、代替措置を講じることを条件に、認められている（改正個情法22条の2第2項ただし書）。

　なお、漏えい等が生じた場合の、事業者の損害賠償責任については、個人情報保護法に特段の定めはなく、基本的に不法行為責任の問題となる。

イ　事業者における留意事項等

　漏えい等が発生した際の対応については、これまで告示により努力義務とされてきたが、今回の改正により、委員会への報告が法律上の義務となり、事態を認識してから速やかに報告が求められることとなる。

　そのため、事業者においては、安全管理措置を徹底して漏えい等の発生の防止に努めるともに、万が一漏えい等が発生した場合には、社内で適切に情報共有の上、速やかに委員会に対して報告できる体制を整えることが必要となる。

　また、本人への通知に関しても、万が一漏えい等が発生した場合、

具体的にどのような方法で行うか、事業の内容やサービスの形体に応じてあらかじめ検討をしておく必要がある。

⑵ 不適正利用の禁止

ア 改正の概要

現行法においては、個人情報の取得に関して、適正な手段で行うべきことが定められている（個情法17条1項）。他方、個人情報の利用に関して、同様の規定は設けられていない。

近時、個人情報の取扱いについて、現行法の規定に照らして直ちに違法ではないとしても、法の目的である個人の権利利益の保護に照らして、看過できないような方法で個人情報が利用されている事例が一部にみられている 。

そこで、改正法においては、違法又は不当な行為を助長し、又は誘発するおそれがある方法により個人情報を利用してはならないこととしている（改正個情法16条の2）。

不適正利用の禁止の規律の対象となる事案としては、相当程度悪質な事案が想定され、例えば、違法行為を営む第三者に個人情報を提供することが考えられる。

イ 事業者における留意事項等

不適正利用の禁止に該当する事例は、悪質性が高い事案に限定され、事業者が通常の事業活動を行う上で抵触の可能性があるとは考えにくいが、自社内の個人情報の利用や第三者提供を行う場合の提供先での取扱いについて精査した上で、不適正利用に該当することがないよう、留意する必要がある。特に、事業者が新サービスを提供する際に、これまでと異なる態様で個人情報を利用する際には、他の規律とともに留意する必要がある。

4 事業者による利活用・自主的取組に係る改正

⑴ 仮名加工情報の創設

ア 改正の概要

平成27年改正においては、Big Dataの適正な利活用に資する環境整備の観点から「匿名加工情報」制度が創設された。匿名加工情報は、特定の個人を識別することができないよう、また、作成元の個人情報を復元することができないように加工されたものであり、本人の同意なく、第三者提供や目的外利用を行うことができる。

事例1 クレジットカード情報の利活用事例

■本事例では、クレジットカードユーザのカード利用情報を、カード会社が匿名加工し、分析会社に第三者提供している。
■分析会社は、匿名加工情報から消費指数を作成し、統計閲覧会員向けに指数を提供するサービスを展開している。

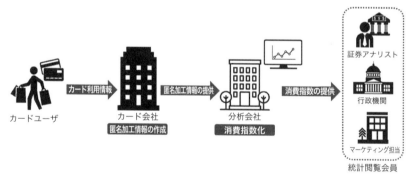

（出典）「パーソナルデータの適正な利活用の在り方に関する動向調査（事例集サマリ）（平成31年3月）」（個人情報保護委員会）」

他方、事業者の中では、事業者内部で個人情報を取り扱うにあたり、安全管理措置等の観点から、氏名等の記述を削除することで、加工後のデータそれ自体からは特定の個人を識別できないようにした手法がとられることがあった。このように加工された場合であっても、容易照合性の観点から、個人情報を取り扱う際の各規律は適用される。

改正法においては、氏名等を削除した「仮名加工情報」を創設し、

一定の行為規制を設けた上で、事業者内における分析等に活用できるように、義務の緩和を行っている。

仮名加工情報は、「他の情報と照合しない限り特定の個人を識別することができないように個人情報を加工して得られる個人に関する情報」(改正個情法2条9項)である。仮名加工情報は、匿名加工情報と同様、個人情報を加工して得られるものであるが、その加工の程度が異なり、他の情報と照合しない限り特定の個人を識別することができない程度に加工すれば足り、特異な値の削除や数値の丸めまでを求めるものではない。

そのような加工の程度からして、仮名加工情報を作成した個人情報取扱事業者においては、特定の個人を識別することが可能であると考えられ、基本的には仮名加工情報は個人情報に該当する。他方、仮名加工情報を委託や共同利用で提供した場合、当該提供先においては、通常個人情報に該当しないこととなる。そのため、概念上、個人情報である仮名加工情報と個人情報でない仮名加工情報が存在することになり、それぞれ別の規律が置かれている。

個人情報である仮名加工情報については、基本的に個人情報の取扱いにかかる規律（個情法第4章第1節）が及ぶところとなるが、義務が一部緩和されたり、仮名加工情報特有の義務が課せられることになる（改正個情法35条の2第1項〜第9項）。

他方、個人情報でない仮名加工情報については、個人情報の取扱いにかかる規律（個情法第4章第1節）は及ばないものの、個人情報である仮名加工情報に係る特別の規律の潜脱を防止する観点から、必要最小限の義務が課せられることになる（改正個情法35条の3第1項〜第3項）。

個人情報である仮名加工情報に関して、適用される主な義務規定は以下のとおりである。

- 仮名加工情報については、利用目的を変更できる範囲の制限（現行法15条2項）がないが（改正個情法35条の2第9項）、新たな目的で利用するときには、その利用目的を特定した上で公表し（現行法15条1項及び改正個情法35条の2第4項）、その利用目的の範囲で取り扱わなければならない（改正個情法35条の2第3項）。
- 仮名加工情報は、原則として第三者に提供してはならないが（改正個情法35条の2第6項）、通常の個人データと同様、委託・事業承継・共同利用の場合には、第三者への提供に該当せず可能である。
- 本人を識別するために、仮名加工情報を他の情報と照合してはならない（改正個情法35条の2第7項）。
- 仮名加工情報に含まれる情報を用いて本人に連絡等を行ってはならない（改正個情法35条の2条8項）。
- 仮名加工情報については、漏えい等の報告等（改正個情法22条の2）及び開示等の請求等（改正個情法27条〜34条）に関する規定は適用されない（改正個情法35条の2条9項）。

	個人情報※1	仮名加工情報※2	匿名加工情報※2
適正な加工 （必要な加工のレベル）	—	・他の情報と照合しない限り特定の個人を識別することができない ・対照表と**照合すれば本人が分かる程度まで加工**	・特定の個人を識別することができず、復元することができない ・**本人か一切分からない程度まで加工**
利用目的の制限等 （利用目的の特定、制限、通知・公表等）	○	○ ・**利用目的の変更は可能** ・本人を識別しない、内部での分析 ・利用であることが条件	× （規制なし）
利用する必要がなくなったときの消去	○ （努力義務）	○ （努力義務）	× （規制なし）
安全管理措置	○	○	○ （努力義務）
漏えい等報告等	○ （改正法で義務化）	× （対象外）	× （対象外）
第三者提供時の同意取得	○	— （原則第三者提供禁止）	× （同意不要）
開示・利用停止等の請求対応	○	× （対象外）	× （対象外）
識別行為の禁止	—	○	○

※1：個人データ、保有個人データに係る規定を含む。
※2：仮名加工情報データベース等、匿名加工情報データベース等を構成するものに限る。

イ　事業者において考えられる活用事例

　事業者における活用事例としては、まず、新たな目的での内部利用が考えられる。すなわち、事業者が過去に取得し、社内において蓄積している個人情報について、当時特定した利用目的の範囲には含まれないが、技術進展に伴い、新たな利用方法が考えられる場合がある。現行法においては、利用目的の変更は、「変更前の利用目的と関連性」を有すると合理的に認められる範囲に限定されているが、仮名加工情報については、このような限定なく、自由に変更することができる。そのため、過去に取得し、集積している個人情報を新たな目的で利用することができるようになる。

　また、仮名加工情報については、開示請求や利用停止等請求の対象外とされている。そのため、既に顧客でなくなった者の情報について、仮名加工情報とした上で、社内で分析等に用いれば、開示請求や利用停止請求が行われるリスクを負うことなく、利活用を行うことができる。

⑵　認定個人情報保護団体制度の見直し

　認定個人情報保護団体制度は、民間団体等による自主的な取組を尊重して支援する仕組みである。すなわち、認定個人情報保護団体は、業界の特性等に応じた自主的なルール（個人情報保護指針）を作成するよう努め、これを対象事業者が遵守するよう指導・勧告を行う（個情法53条）。また、対象事業者の個人情報の取扱いに関する苦情を処理する（個情法52条）。

　現行法においては、認定個人情報保護団体は、業務の対象とする個人情報取扱事業者等（対象事業者）の全ての分野（部門）を対象として、その業務を行うこととされていた。改正法では、業務実態の多様化等を踏まえ、特定の分野（部門）を対象として、認定することができることとしている（改正個情法47条2項）。

　これによって、業界単位の団体だけではなく、特定の分野単位での

団体がその分野を対象として認定個人情報保護団体となることが可能になり、民間部門の自主的な取組が推進されることが期待される。

5　法執行等の強化

⑴　域外適用の拡大

ア　改正の概要

外国に所在する個人情報取扱事業者に対する域外適用については、個人情報保護法75条において適用関係が明確化された。現行法においては、①国内にある者に対する物品又は役務の提供に関連して、②その者を本人とする個人情報を取得した場合に、その個人情報取扱事業者の個人情報の取扱いが域外適用の対象となる。また、現行法においては、域外適用の対象となる義務規定・監督規定が限定列挙されており、例えば報告徴収や命令等は対象となっていなかった。

改正法においては、個人情報取扱事業者が、国内にある者に対する物品又は役務の提供に関連して、国内にある者を本人とする個人情報を、外国において取り扱う場合についても、域外適用の対象としている(注23)(改正個情法75条)。これにより、国内にある者から個人情報を直接取得した事業者だけでなく、第三者から個人情報を間接取得した事業者についても、域外適用の対象となり得る。

また、域外適用の対象となる規定についても、条文の限定列挙方式が見直され、外国事業者に対しても、国内事業者と同様の規律が適用されることとなり、報告徴収・命令の対象となる。報告徴収・命令については、罰則によって担保されているが、外国事業者に対しては、刑事罰を実際に科すことが困難な場合もあることから、命令に違反した旨を個人情報保護委員会が公表できることとしている。

(注23) このほか、個人関連情報、仮名加工情報又は匿名加工情報の取扱いについても対象となっている。

イ 事業者における留意事項等

現行法よりも域外適用の対象となる場面も適用対象となる規律も拡大されることになる。特に、本人からの直接取得要件がなくなったことにより外国事業者が日本の事業者を通じて個人情報を取得するような場合にも適用される場合がある。例えば、日本国内の親会社が本人から直接個人情報を取得した後、外国にある子会社に本人同意等に基づいて提供している場合において、当該外国子会社が本人に対して物品又は役務の提供を行う場合には、域外適用の対象となる。

⑵ 法定刑の引上げ

現行法は、平成27年に創設されたデータベース等不正提供罪（個情法83条、改正個情法84条）を除き、違反行為に対しては、間接罰を科すこととなっている。違反行為等に対しては、6月以下の懲役又は30万円以下の罰金となっており、法人に対する罰金額も行為者処罰規定と同様に30万円以下となっている（個情法84条、87条）。

これらの罰金額の水準は、当初法制定時に定められたものであるが、近時、個人情報保護法に係る違反事案が増加し、違反事案の中には、個人の権利利益への影響に鑑みて重大な事案もある。そこで、行為者処罰規定の法定刑を引き上げることとしている。具体的には、個人情報保護委員会による命令に違反した場合（命令違反）の法定刑を、1年以下の懲役又は100万円以下の罰金とし（改正個情法83条）、報告義務違反・検査忌避等の法定刑を、50万円以下の罰金としている（改正個情法85条）。

また、法人処罰規定に関しても、法人と個人の資力格差等を勘案して、個人情報保護委員会による命令に違反した場合や個人情報データベース等を不正に提供した場合等の法人等に対する罰金の上限額を1億円に引き上げることとしている（改正個情法87条）。

第**4**章

データ利用と
プライバシーとの関係

■ 本章の位置付け

本章では、データ利用とプライバシーとの関係に関して論じる。具体的な議論の前提となるプライバシー、プライバシー侵害の意義やプライバシー保護と個人情報保護の関係について説明をした上で、プライバシー侵害の程度を下げるための方法として、プライバシー・バイ・デザインやプロファイリング規制などについて説明する。

さらに、プライバシーについて理解し易くする目的を含め、具体的な事例として、IoT、Big Data、AI、カメラ画像の利活用や労働者とプライバシーの関係について論じる。

最後に、中小企業に求められるプライバシー保護という観点で、中小企業における情報管理、特に安全管理措置の問題について説明する。

第1 プライバシー保護

1 プライバシーとは何か

プライバシーという言葉は日常的に使われている。日常生活の中でも、自らのプライベート用の携帯電話番号や住所などが知らないうちに無断で伝えられていた場合や、許可をしていないのに自らの写真を撮影された場合などに、プライバシーが侵害されたと感じる。

もっとも、プライバシーとは何であるのか、その意義について、法律上で定義している規定はない。プライバシーについては、これまで、主に、民法上の一般的な不法行為に基づく損害賠償請求が認められるか、仮処分として出版の差止めが認められるのかという形で争われ、議論が発展してきたという経緯がある。プライバシーの権利についても、学説上、発生当初からの一人にしておいてもらう権利とする見解から、より積極的に、自己の情報をコントロールする権利とする見解やさらに発展した捉え方まで、いろいろなものがある。

　現代における自己の情報についての管理に関する意識の高まりや、通信事業などのめまぐるしい発達、外国との情報流通の進展など情報流通が活発化していることなどからすると、プライバシーについても、積極的に保護することで、実質的な保護を図る必要があり、自己の情報をコントロールする権利と考えることが合理的である。

　本稿では、ビジネスにおける情報の利用とプライバシーの関係について、実務的に問題となるところについて、考え方を説明する。プライバシーの対象となる情報は、「プライバシー情報」と記載する。

2　プライバシー侵害とは何か

　では、判例上では、プライバシーとは、どのような権利とされ、どのような場合にプライバシー侵害になるとされてきたのか。

(1)　「宴のあと」事件

　東京地裁昭和39年9月28日判決・下民集15巻9号2317頁〔「宴のあと」事件・第一審〕は、三島由紀夫が執筆したモデル小説「宴のあと」の中で、元外務大臣で都知事選に出馬した候補者と、料亭経営者との男女関係を、寝室をのぞき見したかのように描写したことなどが、プライバシー侵害となるかが争われた事案である。

　同判決は、プライバシー権は、私生活をみだりに公開されないという法的保障ないし権利であるとし、プライバシー権が侵害されたといえるためには、以下の4つの要件を満たすことを必要とした。

> ①　私生活上の事実又は私生活上の事実らしく受け取られるおそれのあることがらであること（私事性）
> ②　一般人の感受性を基準にして当該私人の立場に立った場合公開を欲しないであろうと認められることがらであること、換言すれば一般人の感覚を基準として公開されることによって心理的な負担、不安を覚えるであろうと認められることがらであること（公開を欲し

ない事柄であること）

③　一般の人々に未だ知られていないことがらであること（非公知性）

④　公開によって当該私人が実際に不快、不安の念を覚えたこと

　上記の要件は、現在でも、プライバシー侵害の判断基準として用いられることがある。もっとも、同要件は、作家による表現行為と、それにより侵害されるおそれがあるモデルのプライバシーを調和させるために検討されたものである。参考にするにあたっては、一般への公開を予定せず、表現行為に該当しないビジネスにおける情報の利用とビジネスにおいて情報が利用されることによる個人のプライバシー侵害という場面を想定したものではないことに注意をする必要がある。

⑵　情報の利用を検討する際に参考となる判例

　上記の他にも、プライバシーに関する判例は、作家によるモデル小説や、週刊誌による有名人に関する記事などがほとんどであるが、これらは、一般への公開を目的とした表現行為によるものが多い。ビジネス目的による情報の利用という観点から、データの取扱いと、当該データに掲載されている個人のプライバシーが問題となった判例について、紹介する。

①　最高裁平成15年9月12日判決・民集57巻8号973頁（早稲田大学名簿提出事件・上告審）

　私立大学が、原告らを含む中国国家主席の講演会に参加する者の氏名、学籍番号、住所及び電話番号を記載した名簿の写しを、参加者に無断で、警視庁からの警備を目的とした要請に応じて提出したことがプライバシー侵害にあたるかが争われた。

　同判決は、学籍番号、氏名、住所及び電話番号を「自己が欲しない他者にはみだりにこれを開示されたくないと考えることは自然なことであり、そのことへの期待は保護されるべきものである」から、「プ

ライバシーに係る情報として法的保護の対象となる」とし、「大学が本件個人情報を警察に開示することをあらかじめ明示したうえで本件講演会参加希望者に本件名簿へ記入させるなどして開示について承諾を求めることは容易であったものと考えられ、それが困難であった特別の事情がうかがわれない本件においては、（中略）原告らが任意に提供したプライバシーに係る情報の適切な管理についての合理的な期待を裏切るものであり、原告らのプライバシーを侵害するものとして不法行為を構成する」とした。

② 最高裁平成20年3月6日判決・民集62巻3号665頁（住基ネット事件）

住民基本台帳ネットワークシステムにより行政機関が住民の本人確認情報を収集、管理又は利用する行為が、これに同意しない当該住民との関係で、憲法13条の保障する個人に関する情報をみだりに第三者に開示又は公表されない自由（プライバシー権）を侵害するかが争われた。

同判決は、「憲法13条は、国民の私生活上の自由が公権力の行使に対しても保護されるべきことを規定しているものであり、個人の私生活上の自由の一つとして、何人も、個人に関する情報をみだりに第三者に開示又は公表されない自由を有するものと解される」と判示した。もっとも、結論としては、上記自由の侵害は否定された。

⑶ プライバシー侵害に関する基準

では、どのような場合に、プライバシー侵害が違法となるのか。個人に関する情報を扱うことで、プライバシー侵害自体は常に生じるため、どのような場合に許容され、どのような場合に許容されないかが問題となる。

上記各判例では、個人に関する情報が「みだりに」第三者に開示又は公表された場合に不法行為が成立するとする。このことを基に、表

現行為に関連しないプライバシー侵害行為が違法であるかについて検討すると、次の基準が考えられる。

まず、プライバシー侵害行為の程度を判断するにあたっては、基本的に、情報自体の要保護性と、当該情報の取扱いにおける収集・利用方法の侵害の程度が問題となる。例えば、購買履歴に住所、氏名、収入、勤務先、決済手段などを加えたデータと、対象者が特定されていない購買履歴を比べると、前者の方が要保護性は高い。また、購買履歴と個人の属性を紐付けたデータの取扱いについて、第三者に提供する場合と、自社内だけで分析する場合を比べると、一般に前者の方が侵害性は高い。

そして、プライバシー侵害が違法とならないためには、プライバシー情報の内容、同情報の取扱いの態様を総合考慮して、①推定的同意があった、②受忍限度の範囲内であった、③公益が優先するといった事情が認められることが必要である。さらに、④本人が取扱いについて同意していた場合、⑤取扱いが正当行為（法令に基づく行為や正当な業務による行為）に該当する場合には、違法性が阻却される^(注1)。

上記のうち、③については、利活用主体が行政機関や地方公共団体である場合に認められるものといえ、ビジネス目的で利用する場合に適用されることは通常は想定しがたい。また、⑤のうち、正当業務行為については、どのような場合であれば認められるかが明らかではなく、これだけを根拠とすることはできる限り避けるべきである。

したがって、企業がプライバシー情報を利用するには、①推定的同意があった、又は④本人が取扱いに同意していたといえるために、本人が取扱いについて理解したうえで、適切に同意を取得する必要がある。

また、②受忍限度の範囲内であったといえるために、プライバシー情報の内容に応じ、できる限りプライバシーを保護する方法を用いて、

(注1)『最高裁判所判例解説民事篇〔平成15年度（下）〕』478頁〔杉原則彦〕（法曹会、2006）参考

プライバシー侵害の程度を下げることが必要である。

3　個人情報保護法との関係

　個人情報とプライバシー情報はどのような関係にあるのか。それぞれの対象範囲と、それぞれの保護違反に対する効力を明らかにする必要がある。

⑴　対象となる情報の範囲

　プライバシーを自己の情報をコントロールする権利と考えると、当然ながら自己の情報に含まれる個人情報も保護対象となる[注2]。

　プライバシー情報と個人情報の違いを端的に説明すると、個人情報は、プライバシー情報（一般に、個人を識別できる情報）のうち、個人を特定できる情報といえる。個人情報保護法の役割については、プライバシー情報の中で、個人が特定され、その結果蓄積されて、侵害されるリスクが高いものを、行政の立場から特に保護するものと端的に考えるとわかりやすい。

　例として、クッキー（Cookie）に関する情報は、個人を識別することは可能であるからプライバシー情報には該当するが、「クッキー等自体は、「識別子」としてセッション管理を含め広範に用いられる技術であり、利用特性も多様であることから、現行法の規定に加えて、クッキー等をあえて個別に規律する必要性含め、慎重に検討する必要がある」とされ（「個人情報保護法　いわゆる3年ごと見直しに係る検討の中間整理」平成31年4月25日、個人情報保護委員会）、単独では個人

(注2) 上記の東京地裁昭和39年9月28日判決の4要件などをベースに、プライバシーの保護対象を制限的に検討すると、ホームページ上で公表されている役職名（例　法人代表者の氏名）のように、個人情報には含まれるが、プライバシーの保護対象には含まれない情報もあるとの考え方もありえる。もっとも、データ利用の際におけるプライバシー侵害の検討にあたっては、情報自体の要保護性の他に、当該情報の収集・利用方法によっても、プライバシー侵害の程度を検討する必要があることなどからすると、取扱全体について実質的な考慮をすることが有益と考えられる。最高裁は、前掲した最高裁平成15年9月12日判決（早稲田大学名簿提出事件）でも、プライバシーの対象範囲について、広く解している。

情報には該当しないと解されている。もっとも、令和2年改正個人情報保護法では、同法26条の2で、「個人関連情報」という概念が追加されており（第3章参照）、「個人関連情報」にはCookieに関する情報も含まれると解されるため、注意が必要である。

⑵　違反した場合の効果

これまで述べてきたように、プライバシーを侵害すると、民法上の不法行為違反となるほか、差止めの仮処分などの対象にもなる。侵害する者が企業の場合、個人対企業の問題となる。

これに対し、企業における個人の情報の取扱いについて、行政法規の観点からルールを定めた個人情報保護法に違反すると、個人情報保護委員会から指導、助言（個情法41条）、勧告、命令（同法42条）などを受けることとなる。これは、企業対国の問題となる。

上記の違いのため、個人情報保護法違反の状況があっても、そのことにより、直接プライバシー侵害が違法となるわけではない。例えば、個人情報保護法上の義務でも、第三者提供に係る記録の作成等（個情法25条）、第三者提供を受ける際の確認等（同法26条）については、手続が実施されていないからといって直ちにプライバシー侵害にはならないと考えられる^(注3)。

これに対して、プライバシー侵害があった場合でも、対象となった情報が個人情報に該当しない情報（例　個人情報と紐付いていないCookie情報、端末識別情報）であったときには、個人情報保護法違反とはならない。なお、個人関連情報に関する改正個人情報保護法26条の2に該当する場合には、同法違反となる場合がある。

(注3) 令和2年改正個人情報保護法では、個人が企業に対して、保有個人データの開示請求をする際に、個人データの授受に関する第三者提供記録が開示されることが明記されており（改正個情法28条）、この改正がなされた後には、上記義務を適切に履行していないことが、プライバシー侵害を基礎付けるという解釈に結びつきやすいであろう。

⑶　企業における対応

　上記の検討を踏まえると、企業としては、民事における訴訟リスクも考慮して、個人情報保護法をベースに保護を図りつつ、個人情報保護法の対象とならないプライバシー情報については、その重要性や侵害態様に応じて、保護のレベルを検討するといった作業が必要となる。

第2 プライバシー侵害の程度を下げるための手法

1　総　論

　第1・2で述べた、プライバシー侵害の程度を下げるための「プライバシーを保護する方法」とはどのようなものか。

　個人情報保護法は、プライバシー侵害に関して公表されたOECD8原則を基礎としており、個人情報保護法を適切に履行していれば、プライバシー侵害の程度も下げることができる。

　もっとも、プライバシー侵害を下げるための手法については、個人情報保護法に必ずしも全てが定められているわけではないため、個人情報保護法に重複しない部分を中心に、主な考え方を以下で紹介する。検討が進んできている、データポータビリティに関する議論についても、併せて説明する。

⑴　データ利用における場面の分類

　前提として、ビジネス利用における情報の流通について、企業主体では、①個人又は第三者からの取得、②社内利用、③社内管理、④第三者への提供、⑤個人本人への対応の5つの場面に分けて考えるとわかりやすい。その前提として、これら①から⑤の流れについて、⓪事前に検討することも必要となる。

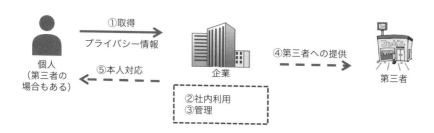

図中のラベル：
①取得　プライバシー情報
個人（第三者の場合もある）
⑤本人対応
企業
②社内利用　③管理
④第三者への提供
第三者

(2) 事前検討

　⓪事前検討段階では、情報全体の取扱いについて検討し、プライバシー情報の要保護性や、侵害の態様に応じて、「できる限り個人情報を保護する方法」を採用する必要がある。

　当然ながら、プライバシー情報の要保護性（取り扱う情報自体の性質だけでなく、対象となる情報の規模なども含む）が高い場合や侵害の程度が大きい場合には、より保護に資する方法を採用すべきである。これに対し、プライバシー情報の要保護性が低く、侵害の程度も小さい場合には、比較的保護手段は緩やかでよいということになり、特に侵害の程度が低い場合には、後出(3)①の取得時の通知又は公表等も不要なケースもあり得る。

　このバランスについては、個別具体的案件によるところが大きく、ビジネスの担当部門で検討するだけでなく、社内のデータ管理部門や外部の専門家の意見を聞くことが必要となる。

　事前検討段階では、後述のプライバシー・バイ・デザインの考え方が参考になる。

(3) 取　得

　①取得段階では、個人本人に対して、取得した情報の取扱いについて通知又は公表することが基本的な考え方になる。プライバシー情報の取扱いについて、事前又は取得時に通知又は公開されていることが一般的である。

　個人情報保護法における、利用目的の特定（15条1項）や取得に際しての利用目的の通知等（18条）の規定が参考となる。プライバシー情報の要保護性が高く、又は、侵害の程度も大きい場合には、当然ながら、実際の取扱いについて、個人が理解できることが必要となる（詳しくは第4章参照）。

⑷　社内利用

　②社内利用段階では、取得の段階で個人が理解した取扱いに従い、利用する必要がある（個情法16条参照）。

　個人情報に該当しない場合でも、要保護性が高い情報をもとに、高いレベルのプロファイリングをするなどして事前に個人が予想できなかったような利用をした場合には、民法上の不法行為に該当する可能性があることに注意する必要がある。

⑸　社内管理

　③社内管理段階では、プライバシー情報の管理措置を十分に図る必要がある（個情法20条から22条参照）。特に、近時はサイバー攻撃によって、情報が大量流出する事例も増えており、注意が必要である。

　個人情報の漏えいが生じた場合における損害については、後述する。

⑹　第三者への提供

　④第三者に提供する場合には、本人から同意を得ることによって、プライバシー侵害のリスクを大きく下げることができる（個情法23条1項参照）。

　もっとも、当然ながら、「有効な同意」である必要があり、単に形式的な同意を取得しただけでは有効なものとならない可能性があることに、注意が必要である。そして、有効な同意を得ていると評価され

るには、透明性（個人に、企業における情報の取扱いについて、容易に理解できる内容、かつ容易にアクセスできる方法を提供すること）を高めた説明をする必要がある（詳しくは**第5章**参照）。

特に、第三者提供をする際の提供元で個人データに該当しない場合でも、提供先で個人データに該当する場合には、同意取得が必要となることについては、令和2年改正個人情報保護法でも定められている（改正個情法26条の2）。

⑺　本人対応

本人から開示等の請求があった場合、個人情報保護上では一定の場合に対応が必要とされている（個情法28条以下）。もっとも、本人が特定できない場合、対応は困難であろう。

さらに、GDPRのように、より積極的に、後述のデータポータビリティの権利を付与することも考えられ、将来的に対応が必要となる可能性もある。

2　プライバシー・バイ・デザイン

プライバシー・バイ・デザイン（PbD）とは、プライバシー情報を扱うあらゆる側面において、プライバシー情報が適切に取り扱われる環境を設計段階で検討し、あらかじめ作り込もうというコンセプトをいう。

次の7つの基本原則があり、企業で検討をする際に、参考になる。全ての基本原則が重要であるが、特に、事前的・予防的な対応が求められていること（第1原則）、プライバシー保護は初期設定から有効とされていること（第2原則）、ゼロサムではなくポジティブサムであること（第4原則）の考え方は、重要である。

	プライバシー・バイ・デザインに関する 7つの基本原則	The 7 Foundational Principles of Privacy by Design
1	事後的でなく事前的、救済策的でなく予防的であること。プライバシー侵害が発生する前に、予想、予防すること。	Proactive not Reactive; Preventative not Remedial
2	プライバシー保護は初期設定から有効とされていること。仕組みがシステムに最初から組み込まれること。	Privacy as the Default
3	プライバシー保護の仕組みがシステムの構造に組み込まれること。	Privacy Embedded into Design
4	全機能的であること。ゼロサムではなくポジティブサムであること。	Full Functionality - Positive-Sum, not Zero-Sum
5	データはライフサイクル全般にわたって保護されること。	End-to-End Security - Lifecycle Protection
6	プライバシー保護の仕組みと運用が可視化され、透明性が確保されること。	Visibility and Transparency
7	利用者のプライバシーを最大限尊重すること。	Respect for User Privacy

　プライバシー・バイ・デザインの考え方の一環として、プライバシー影響評価（PIA）の考え方がある。プライバシー・バイ・デザインは基本理念であり、それを実現するための評価手法がプライバシー影響評価という関係にある。プライバシー影響評価について、詳しくは第5章を参照されたい。

3　プロファイリングの問題点

　プロファイリングとは、データを解析して、個人の好みや属性などを割り出す手法をいう。

　プロファイリングの利用例としては、次のアメリカのスーパーマーケットの事例がわかりやすい。

　中年男性が、スーパーマーケットの店長に対して、「（同店から）高校生の娘宛てに、ベビー用品のクーポンが送られてきた。お宅の店では妊娠するように勧めているのか」、と強く抗議した。店長は、男性

が持っていたクーポンを見て状況を理解し、謝罪をした。数日後、店長が再度謝罪するために当該男性に電話を掛けたところ、男性からやや困惑した様子で「あの後、娘と話をした。私は全く気づいていなかったのだが、娘は8月に出産予定のようだ」との話があった。

　上記事例では、父親が娘の妊娠という事実を把握できていなかったにもかかわらず、スーパーマーケットが当該事実を把握している。これは、当該スーパーマーケットでは、購買履歴から対象者がどのような商品を購入しやすいかを予想して、該当商品のクーポンを送っていたからである。具体的には、妊娠している女性の欲しいものリスト（ベビーレジストリー）を分析し、特定のローションやサプリメントの購入時期から、妊娠の有無や出産予定日を推測していたとのことである。

　このようなプロファイリングの手法は、AIなどの技術を利用して、近年ではより広範かつ精緻に運用されており、例えば、インターネットで検索した情報に沿った広告が表示されるなど、身近でも利用されている。

　プロファイリングをすることで、対象となる個人が特定されていない場合（例えば、名前や住所が不明な場合）でも、個人の好みや属性といったよりプライバシー性が高い情報をより高いレベルで推測し、利用できることとなる。特に、対象となる情報も、特定の病気にり患していること、特定の宗教の信者であることといった要配慮個人情報に分類されるものも含まれる。さらに、それらの情報を集積することも容易である。

　このようなことから、プロファイリングについては、個人情報に該当しない場合でも、強い保護が必要ではないかということが議論されている。また、プロファイリングの精度が高い場合（例　99.9パーセント以上の確率で、特定の個人の情報であると評価される場合）、その情報を個人情報として保護すべきかが問題となる。

　この点、GDPRでは、プロファイリングに関する規制として、①異

議を申し立てる権利（GDPR21条）や、②決定に服しない権利（GDPR22条）が定められており、日本でも、将来的には同様の目的の規定が個人情報保護法で定められる可能性がある。

4　安全管理措置・情報漏えいによる損害賠償

　安全管理措置が不十分であり、プライバシーを侵害した場合、個人との関係では、損害賠償責任を負うこととなる。この場合、損害に対する損害賠償額がいくらとなるかは、安全管理措置が不十分であった場合のリスクとして、参考となる。そこで、以下では、例として、ベネッセ大規模漏えい事件における、損害賠償に関する裁判所の判断について記載する。

　ベネッセ大規模漏えい事件は、2014年7月、ベネッセ社の業務委託先元社員が、同社顧客情報を不正に取得し、約3,504万件（実態としては、約2,895万件と推計されている。）の情報を名簿業者3社へ売却していたことが判明したものである。

　漏えいした顧客情報は、①サービス登録者の名前、性別、生年月日、②同時に登録していた保護者又は子どもの名前、性別、生年月日、続柄、③郵便番号、住所、電話番号、FAX番号（登録者のみ）、④出産予定日（一部サービスの利用者のみ）、⑤メールアドレス（一部サービスの利用者のみ）とされている。

　裁判所の判断では、ベネッセ社及び同社から委託を受けて個人情報を分析するシステムの開発、運用等をしていたシンフォームに何らかの過失があったかを含めて争点となっているが、以下では、2020年5月時点で公表されている裁判例で認められた一人当たりの損害額について記載する。なお、ベネッセ社の責任について、原告等の主張が不十分である等の理由で、認めなかったものや、裁判体が同じである等損害部分について実質的に同一の判断がされていると評価できるものは掲載していない。

	判　例	一人当たりの認定額	解　説
1	東京高等裁判所 令和2年3月25日 判決・平31（ネ） 1058号 【4の控訴審】	3,300円 （うち、300円は、 弁護士費用分）	①出産予定日を除くこれらの情報は、個人の内面等に関わるような秘匿されるべき必要性が高い情報とはいえない、②出産予定日については、予定日にすぎないので、秘匿されるべき必要性の程度が相対的に低い等の判断を示した上で、本件に現れた一切の事情を総合考慮した。
2	大阪高等裁判所 令和元年11月20日 判決・平29（ネ） 2612号 【6の差戻後控訴審】	1,000円	本件に顕れた一切の事情を総合考慮した。控訴人が1名であるところ、同人の住所・氏名・電話番号がホームページなどで開示されていたことも事情として考慮されている。
3	東京高等裁判所 令和元年6月27日 判決・平30（ネ） 3597号 【5の控訴審】	2,000円	①実害が発生したとは認められないこと、②ベネッセ等において、拡大防止措置が講じられたこと、③ベネッセにおいて事後的に慰謝の措置が講じられたこと等一切の事情を総合して判断した。
4	東京地方裁判所 平成30年12月27日 判決・判タ1460号 209頁 【1の原審】	3,300円 （うち、300円は、 弁護士費用分）	控訴審である1事件の備考に記載したほか、次の認定がある。「氏名及び郵便番号・住所、電話番号、ファクシミリ番号又はメールアドレスについては、（中略）これを取得されたものに対する連絡が可能となり、また、同情報の使用方法によっては、取得されたものの私生活の平穏等に一定の影響が及ぶおそれがある。」
5	東京地方裁判所 平成30年6月20日 判決・平26（ワ） 31476号	0円 （原告の請求棄却）	「個人情報の漏えいによる精神的損害の有無及びその程度等については、流出した個人情報の内容、流出した範囲、実害の有無、個人情報を管理していた者による対応措置の内容等、本件において顕れた事情を総合的に考慮して判断すべき」と判断基準を示してあてはめを行い、プライバシー侵害を認めながらも、慰謝料が発生する程の精神的苦痛があることは認めなかった。なお、「被告らは、本件当時、業務用パソコンのUSBポートにUSBケーブルを用いてMTP対応のスマートフォンを接続し、MTP通信でデータを転送する方法によって個人情報を不正に取得することの予見可能性があったということはできない」としたが、シンフォームの使用者責任（民法715条）を認めた。

	判　例	一人当たりの認定額	解　説
6	最高裁第二小法廷平成29年10月23日判決・判タ1442号46頁【7の上告審】	—	原審は、プライバシーの侵害による精神的損害の有無及びその程度等について十分に審理しておらず、判断に審理不尽の違法があるとした。
7	大阪高等裁判所平成28年6月29日判決・判タ1442号48頁【6の原審】	—	不快感や不安を超える損害を被ったことについて主張、立証はないとして、原告の請求を棄却した。

　上記各判例からすると、損害の発生を認めないものから3,300円の範囲で、損害を認めているものまで、判例によって認容額には大きな幅がある。前提として、ベネッセ社は、情報漏えいの対象者に対して、500円分の金券を送っていたことは念頭に置く必要がある。仮に損害額を数千円としても、漏えい件数を掛けると、理論的には、全体で数百億の損害を請求されるリスクがあることに留意する必要がある。

　上記のうち、最高裁平成29年10月23日判決（6事件）は、最高裁が、プライバシー侵害があった場合には、精神的損害の有無及びその程度等について十分に審理する必要があると判断したものであり、請求側から具体的な損害の立証が困難なことが多い、情報漏えいによる精神的損害について、踏み込んで判断するべきという判断を示したものと評価できる。同判決後は、損害について、丁寧に認定する判決が増えている印象である。もっとも、損害額の認定には、担当する裁判官の価値判断が大きく影響している印象であり、個別事案の判断として処理するのではなく、基準を定立したうえで、丁寧にあてはめをしていく姿勢がより一層期待される。

5　データポータビリティ

　データポータビリティとは、個人が、企業に提供した、個人本人に関するデータについて、共通化されたフォーマットで電子的に自らのデータのコピーをデータ管理者から取得できるとともに、自らのデー

タをあるアプリケーションから別のアプリケーションに移転させることができる権利をいう。

　例えば、Googleは、ホームページ上で、「Googleデータエクスポート」という機能を設けて、利用しているGoogleアカウントに保存されているコンテンツのコピーを書き出して、バックアップしたりGoogle以外のサービスに使用したりできるようにしている。

　GDPR20条でも、①取扱いが同意又は契約に基づくものであり、②その取扱いが自動化された手段によって行われる場合に、「自己が管理者に対して提供した自己と関係する個人データを、構造化され、一般的に利用され機械可読性のある形式で受け取る権利」「個人データを移行する権利」として、データポータビリティの権利が認められている。

　個人の自らの情報に対する権利意識が高まる中で、自らに関するデータを自らで管理できるようにするという需要は、今後さらに高まっていくと考えられ、政府内での検討も進められている。将来的には、個人情報保護法上で導入される可能性があり、注意が必要である。

第3 個別分野

1　データ利活用総論

　情報によって、要保護性は異なり、さらに予想される利活用方法（侵害の態様）にも特徴が出てくる。

　そこで、以下では、取扱いの際に注意すべき点について、情報の種類に応じて、ポイントを説明する。

　本書では、近年利用が一般的になってきているIoT、Big Data、AIに関する基本的な考え方と、IoTに関する事例としてわかりやすいカメラ画像の取扱い、近年注目されている従業員情報とプライバシーの関係について説明する。ここに掲載した以外にも例えば、位置情報、音声データ、住居内のデータ、子どものデータ、Cookie情報、クレジットカード情報、

医療データといったものについては、取扱いに特に注意が必要となるので、取り扱う場合には、事前に慎重に検討する必要がある^(注4)。

2 IoT、Big Data、AI

⑴ 相互の関係

情報を利用する際には、IoT、Big Data、AIという用語がセットで出てくることが多い。

情報の利活用について、それぞれの関係を単純化すると、IoT（Internet of Things：物をインターネットにつなげる仕組み）等によって収集した大量、多種かつ処理速度が速い情報（Big Data）を、AI（Artificial Intelligence：人工知能）で分析して、ビジネスで利用するという関係となる。

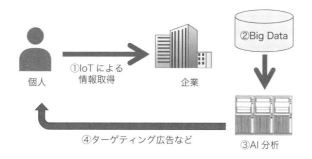

⑵ IoT

IoTによる情報取得については、パソコンやスマートフォンによる場合と異なり、インターフェースが必ずあるわけではなく、利用者に対して、利用目的や利用主体を通知・公表するのが困難な場合がある。

また、そもそも、利用者が、インターネットを介して自らの情報を収集・蓄積されていることを認識することが難しい場合も少なくない。

さらに、IoTについては、家電に組み込まれるなど、家庭の中での

(注4) 詳しくは、渡邊涼介『データ利活用とプライバシー・個人情報保護　最新の実務問題に対する解決事例108』（青林書院、2020）を参照されたい。

利用が想定されるケースも多いが、個人の氏名や具体的な住所を把握していない場合でも、おおよその住居地や家族構成、出勤時間、帰宅時間、就寝時間などの生活リズムなどを知ることが可能である。特に、不在か否かといった情報については、身体・財産の安全に直接関わる問題であり、取扱いに注意が必要である。

⑶ Big Data

Big Dataは、様々なデータを含んでおり、個人情報そのものを利用する場合もあれば、匿名化したものや、統計化したものもある。当然ながら、個人が特定される可能性が高いものの要保護性は、高くなる。

そして、個人情報が含まれる場合には、言うまでもなく個人情報保護法が適用されることに注意が必要である。

⑷ AI

AIを利用する場合、プライバシーの観点からは、次のような問題が生じ得る。

① 個人が、自らのどのような情報が、どのように利用されているのかが不明である。その結果、分析された情報に誤りがあった場合、事実に反する扱いを受ける可能性があり、また、それを是正する機会もない。
② AIを利用して分析をした場合における、プライバシー侵害の程度が明らかではない。特に、AI自体には、プライバシー保護という概念はないため、どのような情報を取り扱うかについては、事前に十分に検討する必要性がある。
③ AIをプロファイリングに利用することで、要配慮個人情報を含む属性などについて、高い精度で推測することが可能となる。
④ 潜在的なものを含め、AIが利用した教師データに含まれた社会の差別意識が結果に反映されてしまう可能性がある。例えば、教師デー

> タに人種による差別が潜在的に含まれている場合、AIを利用した結果にも、反映されてしまう。

AI自体が発展途上の技術であり、プライバシー保護方法についても議論途上であるが、上記のような問題に対応するには、次に挙げるような配慮が必要と考えられる。

① 透明性の確保（本章**第2・1**参照）

② プライバシー・バイ・デザイン（本章**第2・2**参照）

③ 情報の適正な取得（個情法17条参照）

④ プロファイリングの規制（本章**第2・3**参照）

⑤ 個人による関与（第3章参照）

⑥ 差別的な結果が生じていないか、最終的に、人が確認すること

3　カメラ画像の利活用

カメラで撮影した画像（ビデオカメラで撮影した動画を含む）を利活用して、店舗の顧客層を分析したり、購買データと組み合わせて商品開発に利用するといったことが行われている。

この場合、撮影された画像には、通常個人の顔画像も含まれており、個人情報（特定の個人を識別することができる情報）の取得に該当することを前提として、取り扱う必要がある。

(1)　取得の場面

個人情報保護法上は、利用目的の取得又は通知（個情法18条1項）が必要となる。なお、防犯目的で、いわゆる防犯カメラを設置する場合には、「取得の状況からみて利用目的が明らかであると認められる場合」（同条4項4号）に該当し、利用目的の通知又は公表は不要と解されているが、防犯目的以外でも利用する場合には、同じカメラを利用しても、同号の適用はなく、利用目的の通知又は公表は必要と解さ

れている。

⑵ 利用の場面

　カメラで撮影した画像を特徴量（取得した画像から人物の目、鼻、口の位置関係等の特徴を抽出し、数値化したデータ）に変換して、データとして保存する場合、当該データは、個人データに該当することとなり、安全管理措置（個情法20条）や、第三者提供制限（同法23条1項）が適用されることとなる。

基本的な考え方

　これに対し、カメラで撮影した画像を特徴量に変換した後に属性データ（画像データから機械処理で推定した、性別・年代等の情報）又は動線データ（カメラ画像に写った人物がどのように行動したかを示すデータで、どの時間にどこで何をしていたかを示す座標値を時系列に蓄積することによって生成されるもの）に加工して、元の画像及び特徴量を破棄した場合、生成された属性データ又は動線データは、個人を特定することができないデータであり、個人データには該当しないとされている。

動線データ（特徴量は保持しない）の考え方

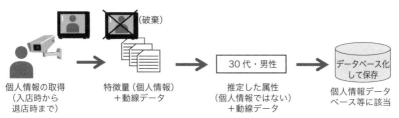

⑶ プライバシー情報の取扱い

個人データには該当しない場合でも、当然ながらプライバシー情報として保護する必要があるので、注意が必要である。

プライバシー侵害の程度を下げる手法としては、様々なものが考えられるが、事前・告知を十分に行うこと、取扱いに関する通知又は公表を丁寧に実施することが最も基本的な対応となる。

4 労働者とプライバシー

⑴ 労働契約締結による影響

企業が、従業員の個人情報を取り扱う場合にも、個人情報保護法の適用がある。労働者とプライバシーの問題は、労働者（従業員）が使用者（企業）との間で労働契約を締結していることから企業に一定の裁量権があるとされており、通常の個人と企業の関係に比べ、取扱いに違いが生じる。実務上では、労働者に関する情報の取扱いについては、就業規則、労働協約、個別契約（雇用契約書、覚書、誓約書）で定められていることが通常である。

従業員のプライバシー情報の利用として問題となる事例としては、次のようなものがある。

---

① 企業（上司であることが多い）が、部下の社用メールアドレスでやり取りされているメールの内容をチェックすることは許されるか。
② GPS位置情報を利用して、社員の位置を把握することができるか。
③ 社員の健康診断の情報について、社内において、どの範囲まで共有することができるか。

⑵ 労働者とプライバシーの問題に関する基準

ア 一般的な基準

一般に、「使用者による雇用管理においては、労働者の様々な個人情報の取得が必要となるので、労働者のプライバシー権の侵害となる

か否かは使用者による情報取得の必要性と方法を勘案しての具体的な利益衡量が必要となる」と理解されており^(注5)、ビジネス利用におけるプライバシー侵害の場合に比べると、「使用者による情報取得の必要性」が要素として出てくるところに特徴がある。

イ　利活用の場合の注意点

　もっとも、上記はあくまで、企業による労務管理を前提とした議論であり、労務管理に通常必要とされる部分を超えて、利活用のために積極的に情報を取り扱う場合には、「使用者による情報取得の必要性」は低いと考えられる。さらに、個人情報保護法上要求される個人情報の利用目的との関係でも、必ずしも、単なる「労務管理」の目的に包含されないものもあると考えられる。

　例えば、新サービスを開発することを目的として、従業員にウェアラブルデバイスを提供して、情報を収集する場合などが考えられる。自社業務の生産性向上のために情報を利用する場合には、労務管理に含まれるかは検討する必要があるが、その場合にも、プライバシー侵害の程度を下げるための手法を、可能な限り採用すべきである。

⑶　安全管理措置の場合における注意点

　個人情報保護法Q&A4-6では、従業者に対する監督（安全管理措置）の一環として、個人データを取り扱う従業者を対象とするビデオやオンライン等による監視（モニタリング）を実施する際には、次の事項に留意する必要があるとされており、参考になる。

①　事前準備段階

・モニタリングの実施に関する責任者及びその権限を定めること。
・あらかじめモニタリングの実施に関するルールを策定し、その内容

(注5) 菅野和夫『労働法〔第12版〕』264頁（弘文堂、2019）

を運用者に徹底すること。

・モニタリングに関して、個人情報の取扱いに係る重要事項等を定めるときは、あらかじめ労働組合等に通知し必要に応じて協議を行うことが望ましく、また、その重要事項等を定めたときは、従業者に周知することが望ましいと考えられる。

② 取得段階

モニタリングの目的をあらかじめ特定した上で、社内規程等に定め、従業者に明示すること。

③ 管理段階

モニタリングがあらかじめ定めたルールに従って適正に行われているか、確認を行うこと。

(4) 情報利活用の場合における注意点

安全管理措置の場合における注意点も参考にして、情報利活用のために、プライバシー侵害の程度を下げる観点からは、次の内容を実施することが望ましい。

① 制度設計の場面

・実施前に従業員に対して、情報の取扱いに関して透明性が高い情報を提供すること。

・利用目的を特定し、労働組合や従業員代表との対話を実施すること。

・実施に関する責任者及びその権限を定めること、あらかじめ実施に関するルールを策定し、その内容を運用者に徹底すること。

・個人情報の取扱いに係る重要事項等を定めるときは、あらかじめ労働組合等に通知し必要に応じて協議を行うこと、そして、重要事項等を従業者に周知すること。

・プライバシー侵害の程度が高いと考えられる場合には、事前に対象予定者にアンケートを実施するなどして、その内容を参考にして、実施の有無やよりプライバシー侵害の程度が低い手段を検討していくこと。

② 取得の場面

・情報を利用目的達成に必要な最小限なものに限定にすること。

・対象者からの同意について、同意の有効性を担保するためにも、人事評価の対象とはせず、情報を取得されたくないという意思表示をした者は対象者から外し、人事評価の観点から一部の従業員が不利益となる取扱いは実施しないこと。

③ 利用の場面

・あらかじめ定めた利用目的を超えて、情報を利用しないこと。

・新たな利活用を実施する際には改めて手続を実施し、本人から同意を得ること。

④ 管理の場面

・安全管理措置の観点から、実施があらかじめ定めたルールに従って適正に行われているか確認を行うこと、特に、情報にアクセスできる者を限定すること。

⑤ 本人対応の場面

・従業員からの相談窓口を設けること。

⑸ AI利用との関係

　最近の人事労務における情報利活用に関連し、従業員の採用、人事考課などの際に、AIを利用することができるかは、検討をしておく必要がある。

　AIについては、上述したように、個人が、自らのどのような情報が、どのように利用されているのかが不明であり、その結果、情報が誤っている場合でも、是正をする機会がないなどの問題があり、注意が必要である。そのため、人事労務にAIを利用する場合にも、AIの利用に関する注意が必要となる。

　したがって、人事に関してAIを利用する場合、企業に人事に関する一定の裁量があることを前提に、人事評価の秘匿性と調整をしなが

ら、特に、次の事項について検討をしていく必要がある。

① **検討段階**

プライバシー・バイ・デザイン：実施前に、影響について調査しておく必要がある。

② **取得段階**

透明性の確保：対象者に対して、AIを利用していることとその概要を、わかりやすく告知・公表することが望ましい。もっとも、人事に関するシステムであり、どのような内容をどこまで公開するかは慎重に判断する必要がある。

適正取得：人事評価で利用する情報について、適正に取得する必要がある。

③ **利用段階**

プロファイリングの規制：プロファイリングについては、抑制的に実施することが望ましい。要配慮個人情報又はそれに準じるものを推定する場合には、リスクに注意する。

④ **管理段階**

扱う情報が人事に関する情報であり、特に機密性が高いことから、適切にアクセス権を制限するなどして、管理に関わる者を最小限にする必要がある。

⑤ **本人対応**

個人による関与（コントロール）：個人が自らの情報が適正に利用されているかについて、知ることができることが必要である。もっとも、人事評価や選考に関する個々人の情報は、基本的には「業務の適正な実施に著しい支障を及ぼすおそれがある場合」（個情法28条1項2号）など非開示にできる場合にあたると考えられる。

⑥ **差別の禁止**

最終的に人が確認して、性別や人種に起因する差別など不当な差別を生み出す結果となっていないか確認することが重要である。

中小企業者の対応

1 中小企業における情報管理の問題

　本稿では、企業におけるプライバシー対応について記載してきたが、日本におけるビジネス主体の大部分を占めている中小企業者ではどのように対応していくべきか。中小企業者にも、当然ながら個人情報保護法は適用される[注6]が、例えば、情報の利用について、次の事例のような事態が生じているケースが多いと考えられる。

> 　当社では、自社製品の通信販売を行っており、顧客の氏名、生年月日、住所、電話番号、メールアドレス、購買履歴などの情報を扱っています。現在、顧客の情報を生かして、新たなサービスを検討してくために、ポイント制度を新設する予定です。もっとも、当社では、情報の管理を担当している人事・総務グループのスタッフは全社で数人にすぎず、管理としてできることは限られており、大手企業と同様の対応をすることは困難です。特に、どのような点に注意して、対応をすればよいですか。

2 安全管理措置

　中小企業では、大企業に比べ、取り扱うデータの種類や量が限られており、管理に関わる人員を含めたコストも限られていることが一般的である。このため、安全管理措置（個情法20条）についても、「安全管理措置を講ずるための具体的な手法については、個人データが漏えい等をした場合に本人が被る権利利益の侵害の大きさを考慮し、事業の規模及び性質、個人データの取扱状況（取り扱う個人データの性質及び量を含む。）、個人データを記録した媒体の性質等に起因するリ

(注6) 以前は、個人情報保護法は、取り扱う個人情報の数が5,000人分以下の事業者には適用されていなかったが、個人情報保護法平成29年改正の完全施行により、個人情報を取り扱う全ての事業者に適用されている。

スクに応じて、必要かつ適切な内容とすべきものであるため、中小規模事業者において、必ずしも大企業と同等の安全管理措置を講じなければならないわけではありません。」とされている（個人情報保護法Q&A7-5）。

　各要素については、中小企業者ごとに検討する必要があるが、委員会ガイドライン（通則編）「8（別添）講ずべき安全管理措置の内容」では、「中小規模事業者における手法の例示」等が記載されており、その内容に従って、具体的な措置の内容を検討していけばよいとされている[注7]。

　例として、個人情報保護委員会が公表しているパンフレットである「10のチェックリスト付はじめての個人情報保護法 〜シンプルレッスン」を参考に、安全管理措置に関する内容を紹介する。

講じなければならない措置		手　法　例
1　基本方針の策定		義務ではない。
2　個人データの取扱いに係る規律の整備		個人データの取得、利用、保存等を行う場合の基本的な取扱方法を整備する。
3　組織的安全管理措置	(1)　組織体制の整備	個人データを取り扱う従業者が複数いる場合、責任ある立場の者とその他の者を区分する。
	(2)　個人データの取扱いに係る規律に従った運用	あらかじめ整備された基本的な取扱方法に従って個人データが取り扱われていることを、責任ある立場の者が確認する。
	(3)　個人データの取扱状況を確認する手段の整備	
	(4)　漏えい等の事案に対応する体制の整備	漏えい等の事案の発生時に備え、従業者から責任ある立場の者に対する報告連絡体制等をあらかじめ確認する。
	(5)　取扱状況の把握及び安全管理措置の見直し	責任ある立場の者が、個人データの取扱状況について、定期的に確認を行う。

(注7)「中小規模事業者」とは、基本的には、従業員数が100人以下の事業者とされている。ただし、5,000人を超える個人情報を取り扱う事業者や、委託を受けて個人情報を取り扱う事業者は除かれる。

講じなければならない措置		手 法 例
4　人的安全管理措置	従業者の教育	個人データの取扱いに関する留意事項について、従業者に定期的な研修等を行う。 個人データについての秘密保持に関する事項を就業規則等に盛り込む。
5　物理的安全管理措置	⑴　個人データを取り扱う区域の管理	個人データを取り扱うことのできる従業者及び本人以外が容易に個人データを閲覧等できないような措置を講ずる。
	⑵　機器及び電子媒体等の盗難等の防止	個人データを取り扱う機器、個人データが記録された電子媒体又は個人データが記載された書類等を、施錠できるキャビネット・書庫等に保管する。 個人データを取り扱う情報システムが機器のみで運用されている場合は、当該機器をセキュリティワイヤー等により固定する。
	⑶　電子媒体等を持ち運ぶ場合の漏えい等の防止	個人データが記録された電子媒体又は個人データが記載された書類等を持ち運ぶ場合、パスワードの設定、封筒に封入し鞄に入れて搬送する等、紛失・盗難等を防ぐための安全な方策を講ずる。
	⑷　個人データの削除及び機器、電子媒体等の廃棄	個人データを削除し、又は、個人データが記録された機器、電子媒体等を廃棄したことを、責任ある立場の者が確認する。
6　技術的安全管理措置	⑴　アクセス制御	個人データを取り扱うことのできる機器及び当該機器を取り扱う従業者を明確化し、個人データへの不要なアクセスを防止する。
	⑵　アクセス者の識別と認証	機器に標準装備されているユーザー制御機能（ユーザーアカウント制御）により、個人情報データベース等を取り扱う情報システムを使用する従業者を識別・認証する。
	⑶　外部からの不正アクセス等の防止	個人データを取り扱う機器等のオペレーティングシステムを最新の状態に保持する。 個人データを取り扱う機器等にセキュリティ対策ソフトウェア等を導入し、自動更新機能等の活用により、これを最新状態とする。
	⑷　情報システムの使用に伴う漏えい等の防止	メール等により個人データの含まれるファイルを送信する場合に、当該ファイルへのパスワードを設定する。

3　中小企業者に求められる対応

　中小企業者で、これから安全管理措置の導入について新たに検討する場合には、以下の対応から、徐々に高度化していくことが現実的である。現在の措置が十分であるかを確認する場合にも、次の点から確認をしていくことが効率的である。

　　①　社内におけるルール

・漏えい等が生じないよう、個人データの取扱いにおける基本的なルールを決める。

　　例1　紙で管理している場合は、鍵のかかる引き出しで保管する。

　　例2　パソコン等で管理している場合は、ファイルにパスワードを設定する。

　　例3　セキュリティ対策ソフトウェアを導入する。

　　②　従業員に対して

・従業員に対して、基本的なルールの遵守を求める。

・従業員に対して、安全管理措置を含めた情報の取扱いについて研修を行う。

　　③　委託先に対して

・個人データを委託する場合は適切な委託先を選択し、安全管理措置に関する契約を締結する等、委託先にも適切な管理を求める。

第5章

データの取扱いに関する
注意点

本章の位置付け

　前章では、「データ利用とプライバシーとの関係」について網羅的に確認をした。「プライバシー」の外延については国内外含めて学説も混沌としており^(注1)、体系的な理解をすることは難しいと感じる部分が数多く残っている。

　他方で、そうはいっても、企業の担当者（中小企業の担当者も含む。）にとって、プライバシーとされるものは、なんとなく保護しなければならず、サービス提供にあたっては、インターネットや書籍等で述べられているプライバシーポリシーなるものを利用者に通知・公表等しておき、形式的に「同意」をとっておけばよいのだろうといった形で理解されているのが大部分でないかと思う。もっとも、日本はプライバシーに対する権利意識が諸外国と比較しても高い部類であり、また、国民性として同調作用も強く働く。このためプライバシーに対する事前の対策を怠るとインターネット等で炎上することにより企業活動そのものに影響が出かねないことから、このような認識では一般に不十分である。

　もう少し関心のある担当者であれば、プライバシーが重要なのは理解していると、とはいえ自社が提供するサービスとの関係で、何をしておけば法的リスク（民事不法行為や個人情報保護法等）がなく、またレピュテーションリスク（炎上リスク）を回避できるのか、という点に特に関心が集中しているのではないかと思う。

　そこで、本章では、データの取扱いに関する注意点として、企業担当者の皆様にも是非概要を理解いただきたい点として以下の2つの点に焦点をあてて説明・検討を加える。

① 　プライバシーリスクの評価
② 　利用者の同意の在り方

(注1) ダニエル・J・ソローヴ『プライバシーの新理論—概念と法の再考』（みすず書房、2013）

第1 プライバシーリスクの評価

1 概　要

　前章では、プライバシー侵害にあたるとされた判例・裁判例等を紹介した。また、プライバシー侵害を避けるための手法等についても確認・理解いただけたのではないかと思う。

　ここでは、ビジネス設計段階で検討することにより、自社のサービスがプライバシー侵害を犯すことのないようにする手法としても有用であり、自社のプライバシーに対するコンプライアンスを確立し、対外的に証明するためのプロセスである「プライバシー影響評価」の考え方を説明の中心に据え、

---

① 　リスクベースアプローチ

② 　プライバシー影響評価

③ 　プライバシー影響評価と利用者の同意の関係

の３つの事項について説明する。

　まず①については、そもそもリスクベースアプローチとはどういった概念であり、これまでどのような議論がなされているのかを確認する。次に、②については、プライバシー影響評価の概念を説明し、どのような目的でどのような効果が期待されるのかについて説明する。そして最後に、③プライバシー影響評価をすることにより、利用者とのタッチポイントである同意取得の場面でどのような意味があるのか、どのように活用することが考えられるのかについて説明する。

2 リスクベースアプローチとは

　デジタル化の進展に伴い、様々な技術やサービスが新たに創出され、それに呼応してプライバシーリスクも多様化している。このため、政府・事業者においてもプライバシーリスクに対する予測・把握が困難

となっている点を踏まえ、新たに発生するプライバシーリスクにも対応可能な枠組みとして、欧米でも（例えば、GDPR等）でも推奨されている考え方がリスクベースアプローチである[注2]。

これは、事業者において潜在的に高リスクなものの特定・発見とこれに対する柔軟・迅速な対応を実現することで、基本的権利を確保することに主眼を置くものである。進化・競争の激しい情報通信社会における法のみによる事前規制の限界を解消する一つの方法論として機能することが期待されるものであって、事業者責任による自己評価・自己管理と政府による柔軟な事後規制とを相互補完することによってより実効性をもつものと考えられる。

リスクベースアプローチは、プライバシー影響評価・データ管理者等とセットで活用することでより実効的になるものと考えられている[注3]。

3　プライバシー影響評価

プライバシー影響評価（PIA：Privacy Impact Assessment）[注4]は、新たなサービス等を提供する際における情報処理等でのプライバシーに対する潜在的な影響を評価するための手段であり、プライバシーリスクに対応するためのものである。そして、新たなサービス提供等を検討する場合、可能な限り早い段階から検討することで「プライバシー・バイ・デザイン」[注5]を確実にするものともいえる。

（注2） 米国のNIST（アメリカ国立標準技術研究所）が民間事業者向けに公表している「プライバシー・フレームワーク」（2020年1月16日：NIST PRIVACY FRAMEWORK: A TOOL FOR IMPROVING PRIVACY THROUGH ENTERPRISE RISK MANAGEMENT）においてもリスクベースアプローチの考え方が見られる。この「プライバシー・フレームワーク」と「サイバーセキュリティ・フレームワーク」（2018年4月：Framework for Improving Critical Infrastructure Cybersecurity）をより実践的な内容としたものとして「SP800-53Revison5」（2020年9月Security and Privacy Controls for Information Systems and Organizations）が検討されている。

（注3） リスクベースアプローチには、リスクが低いものに対して、利用者の権利が軽視される可能性があること、また、データ管理者の心の中に利用者の権利保護の意識がない場合まったく機能しない可能性があることなどの指摘もある。

（注4） PIAは米国、カナダ、オーストラリア等で行われてきたものであり、GDPRにおいては、DPIA（Data Protection Impact Assessment：データ保護影響評価）として類似の規律がある。

　PIAでは検討の範囲を明確化するため、①処理される情報は何か、②情報処理の目的は何か、③情報処理によって情報主体又は社会全体にもたらされる便益は何か、④情報受領者は誰で、情報をどのように扱うのか、⑤情報処理で実効されるビジネスプロセスは何か、⑥どのような情報主体がこの処理の影響を受けるか、⑦プライバシープロセスはどのように実効されるか（通知、同意、拒否、アクセス、修正及び削除）、⑧情報主体はどのように通知されるか及び同意は求められるか。プロセスはその状況と一致するか、などを要素として検討するのが適切である^(注6)。

　PIAは常に実施を義務付けられる性質のものではなく、通常は、リスクベースアプローチによって高いリスクの蓋然性がある場合のみに要求される。しかし、データ主体の権利及び自由に対するリスクを適切に管理すべく、データ管理者は自己取扱業務によって生じるリスクを継続的に評価しなければならない。

　一般にPIAの公開は義務付けられるものではないが、監督機関との事前協議の場合や監督機関から求められたときには通知しなければならない。そして、PIAは事業者の信頼性の醸成や、説明責任及び透明性の確保に役立つものである。

◆GDPRにおけるDPIAのガイドライン^(注7)

　GDPRは、2018年5月25日から適用されている。GDPR35条は、その前身である指令と同様に、データ保護影響評価（DPIA）の概念を取り入れている。そして、DPIAは、①データの処理とは何かを説明し、②その必要性及び比例性を評価し、③リスクを評価することで、④対処策を決定、することによって個人データ処理に伴う自然人の権利及び自由に対

(注5) プライバシー・バイ・デザインはカナダで提唱されたものである（7つの原則の詳細については**第4章**参照）。特徴は、「事前対策により体系的にプライバシーを組み込むこと」であり、プライバシー促進技術（Privacy-Enhancing Technologies, PETs）をもとに発展した概念で、これらはプライバシー影響評価にその思想が引き継がれている。

(注6) ISO/IEC29134：2017

(注7) https://ec.europa.eu/newsroom/article29/item-detail.cfm?item_id=611236
なお、個人情報保護委員会の仮訳を参照。

するリスクを適切に管理するために設計されたプロセスであるとされる。

　DPIAは、管理者がGDPRの義務遵守をするのみではなく、GDPRを遵守することを証明するために適切な手段が講じられていることの証明にも役立つもので、アカウンタビリティ（Accountability）を果たすための重要なツールである。

　DPIAの義務を遵守しない場合には、罰金の対象となる。個人データの処理がDPIAの対象であるにも関わらずDPIAの不実施であったこと（GDPR35条(1)及び(3)(4)）、誤った方法でのDPIAの実施（35条(2)及び(7)から(9)）、又は必要であるにもかかわらず所轄監督機関との協議が行われない場合（36条(3)(e)）には、1千万ユーロ以下の制裁金、又は、事業の前会計年度の全世界売上高2％以下の制裁金、のいずれか高額の方が課される。

　DPIAの実施は全てのデータ処理で義務付けられるものではない。その処理において「性質、範囲、過程及び目的を考慮に入れた上で、特に新たな技術を用いるような種類の処理が、自然人の権利及び自由に対する高いリスクを発生させるおそれがある場合、管理者は、その処理の開始前に、予定している処理業務の個人データの保護に対する影響についての評価を行わなければならない」（35条(1)）とされている。

　同ガイドラインでは、GDPRにおけるDPIAに関連した基本原則が図解されている。

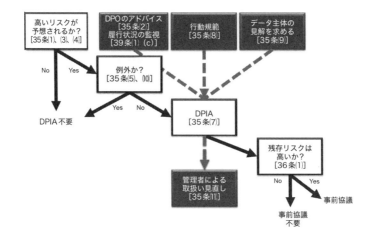

　そして、DPIAの実施が義務付けられるのは、データ処理が「自然人の権利及び自由に高いリスクをもたらすことが予想される」場合のみとされ、特に新規のデータ取得技術が導入される場合に該当する、とされる。「高いリスクをもたらすことが予想される」に該当する場合は、一般的には、①新しい技術を使用している場合、②人の居場所や行動を追跡している場合、③一般に公開されている場所を大規模かつ計画的に監視している場合、④人種または民族的出自、政治的意見、宗教的または哲学的信条、遺伝データ、自然人を一意に識別する目的のバイオメトリックデータ、健康に関するデータ、性生活や性的嗜好に関するデータに関連する個人データを処理する場合、⑤法律上重大な影響を及ぼす可能性がある者に対してデータ処理が機械的決定に利用されている場合、⑥子どものデータを利用する場合、などが該当し得る。

　具体例としては、ⅰ病院の患者の遺伝子及び健康データを取り扱う場合（病院の情報システム）、ⅱ高速道路で運転行動を監視するためにカメラシステムを利用する場合、ⅲ企業が雇用者の活動を体系的に監視する場合（インターネットの利用などの監視を含む。）、ⅳプロフィールを生み出す一般のソーシャルメディアデータの収集、ⅴ国レベルの信用格付け又は虚偽データベース認定を行う期間、ⅵ研究プロジェクト又は臨床試験における地位の弱いデータ主体に関する仮名化された個人のセンシティブデータの保管目的の保存、などである。

　上記ケースに該当する場合であっても「高いリスクをもたらすことが予想され」ないと考えられる場合には、管理者はDPIAを実施しない理由の正当化及び文書化を行うべきである。また、そのデータ処理の性質、範囲、文脈及び目的が、すでにDPIAが実施された処理と極めて似ている場合には、同種の処理におけるDPIAの結果を用いることができるため改めて実施することは不要である。

　逆に、データ処理の条件（範囲、目的、収集された個人データ、データ管理者又は取得者の身元、データ保持期間、技術的かつ組織的措置等）が前回のチェック以降に変わった場合及び高いリスクがもたらされるこ

とが予想される場合は、新たにDPIAの対象となる。

　DPIAの改訂は継続的な改善に有効であるのみならず、経時的に変化する環境下におけるデータ保護のレベル維持に不可欠である。このため、DPIAは継続的に見直され、かつ、定期的に再評価されるべきである。下図は、DPIA実施の一般的反復プロセスを図示したものである。

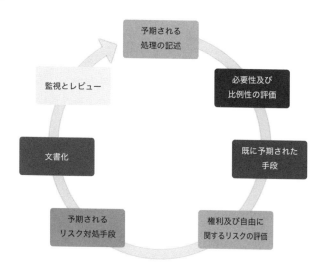

　①予期される処理の記述、②必要性及び比例性の評価、③既に予期された手段、④権利及び自由に関するリスクの評価、⑤予期されるリスク対処手段、⑥文書化、⑦監視とレビュー、のプロセスがあり、ここで図示されているプロセスは反復的であることに留意が必要である。実際には、DPIA完了までに各段階を複数回踏むことが予想される。

4　プライバシー影響評価と利用者の同意

　プライバシー影響評価はそれぞれのサービスにおいて生じ得るリスク等やその対処方法について検討するプロセスである。そして、各種サービスにおいては、利用者の同意により情報の取扱いを正当化することは一般に行われており、利用者の同意はリーガルリスクを下げる

のみならず、レピュテーションリスク（炎上リスク）を下げるために
も一般に用いられている。

　ここで、利用者の同意取得のプロセスを検討する上では、リスクに
見合った手続を行うことが効果的であるといえる。すなわち、プライ
バシーリスクが高く、利用者が関心を持つであろうと思われる事項に
ついては、利用者に対する説明や同意の取得方法もより丁寧で慎重に
行う必要があり、そのように手当することが、炎上リスク等を減らす
ことにつながるのである。他方で、プライバシーリスクが高くないに
もかかわらず、厳格な同意取得のプロセスを踏むことで、不要なコス
トやスピード感を喪失してしまいビジネスチャンスを逸してしまうこ
とは望ましくないといえる。

　このように、プライバシーリスクの大小、すなわち、行為の性質や
結果の重大性、結果発生の蓋然性に照らして、同意取得の在り方を検
討することは、リスクベースアプローチとして有用であり、硬直的・
形式的になりがちな「同意」の取得方法に対する有効な対応手段であ
るといえる。

第2 利用者の同意

1 概　要

　ここでは、「利用者の同意」を具体的に検討する前提として、

---

① 　市場構造の変化が「利用者の同意」に与えた影響
② 　「利用者の同意」の法的評価

を説明した後、②の法的評価についてそれぞれの個別の法律との関係
をどのように考えたらよいのか。具体的な場面においてどのように評
価されるのかなどについて民法や個人情報保護法を中心に検討を加え
る。

⑴ 市場構造の変化と利用者の同意

プラットフォームサービスが台頭し、両面市場・多面市場という構造において、利用者がさらなる利用者を引きつける（直接ネットワーク効果）、また利用者が多くのコンテンツ・サービスプロバイダを引きつけその豊富なコンテンツがさらに利用者を引きつける（間接ネットワーク効果）によって、大量の利用者情報が集積されるという現象が起こっている。他方で、データ寡占化によるロックインによって支配力が集中するとサービスの選択肢が狭まる、健全な競争市場に歪みが生じるという問題がある。

新たな市場構造において、利用者情報はビジネスにおいて重要な位置を占めており、その取得・利用などについては「利用者の同意」等を含め様々な問題を孕んでいる。

「利用者の同意」については従来からある問題に加えて、例えば、ステークホルダーが多数になることを利用者が認識しづらく、また利用者の対面しているサービス提供者と実際に利用者情報の利活用をしている事業者が異なる等により誰に対して同意をしているかがわかりにくいといった問題も市場構造が複層化していることにより出てきている。

各種個別ビジネスにおいて、利用者に係るデータの利活用を考えた際、「利用者の同意」は様々な場面で問題になり得る。例えば、総合的に様々なサービスに紐付けるアカウントを作成する時、特定のサービス利用開始時、サービスの利用目的の追加・変更時、あるサービスに付加的にサービスを追加する時、また同意撤回等の同意管理時、サービス利用停止時等の場面を想定することができる。

それぞれの場面において、事業者は、利用者に対してどの程度の情報を提供し、どのような手続を踏めば、法的に問題がなく、加えてレピュテーションリスク（炎上リスク）を回避できるか等の問題に直面する。

同意プロセスの全体（イメージ）

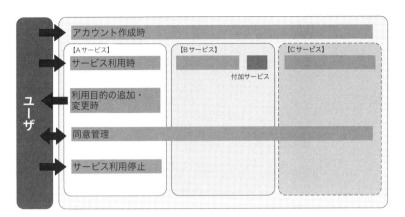

　逆に、利用者は、それぞれの場面でそれらをどのように認識し、自らの意思で選択するかという問題がある。以下の調査結果は公正取引委員会が公表している「デジタル広告の取引実態に関する中間報告書」（令和2年4月）より抜粋したものである。

◆「デジタル広告の取引実態に関する中間報告書」（抜粋）
　検索サービスを利用する消費者（2,000人）に対して、<u>利用規約があることを知っているか</u>との問いに対して、「存在は知っているが、どこにあるのかは知らない」又は「知らない」との回答が70％強を占めた（図61）。

図61　利用規約の認知（回答数：2,000）

「知っている」と回答した消費者（554人）に対して、利用規約を読んでいるかとの問いに対しては、「必ず読んでいる」以外の回答が90%弱を占めた（図62）。

図62　利用規約を読んでいるか（回答数：554）

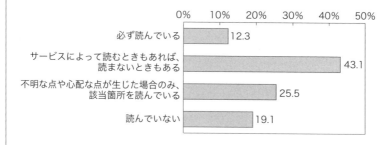

前記で利用規約を「読んでいない」以外と回答した消費者（448人）に対して、利用規約をどの程度読んでいるかの問いに対して、「全部読んでいる」との回答は15%にとどまった（図63）。

図63　利用規約をどの程度読んでいるか（回答数：448）

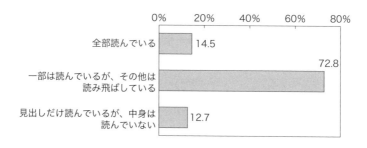

利用規約を「読んでいない」以外と回答した消費者（448人）に対して、利用規約の中で情報の収集・利用目的に関する記述の場所・位置が分かりやすいか質問したところ、「そう思わない」又は「どちらかといえばそう思わない」との回答が25%強だった（図64）。

図64 情報の収集・利用目的に関する記述の場所・位置（回答数：448）

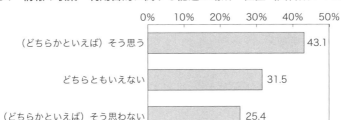

利用規約を「読んでいない」以外と回答した消費者（448人）に対して、利用規約における情報の収集・利用目的に関する記述内容が分かりやすいか質問したところ、「そう思わない」又は「どちらかといえばそう思わない」との回答が30％強だった。

図65 情報の収集・利用目的に関する記述の分かりやすさ（回答数：448）

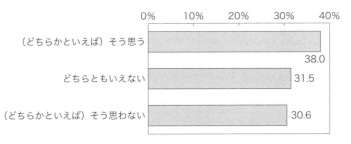

検索サービスを利用する消費者（2,000人）に対して、利用規約に同意する際に、どのような情報が広告表示のために収集・利用されているか把握した上で同意したか質問したところ、「同意した覚えがない」との回答が20パーセント弱に達した（図68）。

図68 利用規約を理解した上で同意したか（回答数：2,000）

検索サービスを利用する消費者（2,000人）に対して、検索サービス提供事業者による利用者データの収集・利用に懸念があるか質問したところ、「懸念がある」又は「どちらかといえば懸念がある」との回答が過半数に達した（図69）。

図69　情報の収集・利用に対する懸念（回答数：2,000）

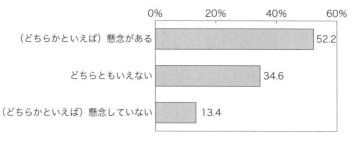

　一般論としては、利用者に対して、十分な情報を提供し、丁寧な同意プロセスを踏むことが、法的リスク、レピュテーションリスク（炎上リスク）の双方に対する対応策とされている。他方で、技術の発展によって提供されるサービスが多岐にわたり、利用者から取得される利用者情報が増えるにつれて、類似の同意取得手続が繰り返され、かつ、その活用の方法が複雑になり多岐にわたるにつれて、同意取得時の説明も複雑でわかりにくくなる結果、利用者が十分に理解しないままに同意をしてしまう、いわゆる「同意疲れ」の問題[注8]が生じるなど、同意プロセスの形骸化も世界的に問題となっており、事業者にとっても、同意プロセスの在り方は一層頭を悩ませる課題となっている。

　上記の調査結果は、検索サービスという場面において、利用者に対して示されている利用規約の認知及び理解度や、情報収集に対する利

(注8) 総務省「プラットフォームサービスに関する研究会　中間報告書」17頁、28頁。総務省「プラットフォームサービスに関する研究会最終報告書」12頁。同意疲れは、情報が少なすぎて理解できないのではなく、情報が多すぎる又は仕組みが複雑過ぎて理解できないところに問題があると考えられ、同様の問題は欧州を中心に海外でも認識されている。

用者の懸念を示す貴重な資料であり、通知・公表・同意の在り方、その後の同意管理の在り方等をデザインする上で参考になるデータである。

⑵ 利用者の同意の法的意味

日本の法令上、「同意」とは「他の者がある行為をすることについて賛成の意思を表示すること」をいう。例えば、「国務大臣は、その在任中、内閣総理大臣の同意がなければ、訴追されない」（憲法75条本文）など憲法をはじめ公法・私法問わず多数存在する。これに類する概念としては、合意、承諾、承認、容認といったものがある[注9]。

また、「利用者の同意」の法的評価、すなわち「有効な同意」か否かについては、それぞれの法律における立法目的や保護法益等に照らして分析・研究が進められているところ[注10]である。代表的なものでは、プライバシーの保護と利用者の同意の関係、個人情報保護と利用者の同意の関係、通信の秘密の保護と利用者の同意の関係などの主に消費者保護を念頭におくものがあり、最近では競争市場の保護と利用者の同意の関係[注11]も論点となっている。情報法の領域は、立法数の増加に加えて、一部で交錯するようになっており[注12]、複雑さが増しているとの指摘もある。

実務的には、「利用者の同意」が契約上の行為として契約約款や利用規約、プライバシーポリシー等様々な形で取得されることもあって、

(注9) 角田禮次郎ほか『法令用語辞典（第10次改訂版）』（学陽書房、2016）581頁
(注10) 大澤彩「民法・消費者法からみた「同意」」、伊永大輔「独占禁止法における「同意」」、松前恵環「個人情報保護法制における「同意」の意義と課題」、石井夏生利「「同意」の横断的考察」（以上、NBL（1167））
(注11) 公正取引委員会「デジタル・プラットフォーム事業者と個人情報等を提供する消費者との取引における優越的地位の濫用に関する独占禁止法上の考え方」。また、国外ではドイツ連邦カルテル庁によるフェイスブックに対する競争法違反事件決定の中で、GDPR違反を評価している。また、適切な同意の在り方は、企業結合審査でも論点とされている。
(注12) 石井夏生利「プライバシー・個人情報保護法の周辺領域に関する考察―競争法との交錯を中心に―」情報通信政策研究3巻1号47頁（2019）

その区別等も問題となる^(注13)。そして、「利用者の同意」の民事上での有効性の判断が、公法上（例えば個人情報保護法など）においてどのように評価されるか、逆に、個人情報保護法との関係で取得した「同意」が私法上どのように評価されるのかなどが問題となり得るが、一般論としては私法上の判断と公法上の判断は理論的には別であって、それぞれについて検討を要するものである。

以下では、「同意」について

---

① 民事法的評価
② 行政法・刑事法的評価

に分けて、それぞれ検討する。

2　民事法的評価

ここでは、民事不法行為との関係で議論が発展している「プライバシーと同意の関係」をまず検討し、その後民法改正により導入された「定型約款規制」についての概要を確認する。

(1)　プライバシーと同意の関係

プライバシーの侵害が不法行為にあたることについては、異論をみないところとされ、最高裁も「個人のプライバシーに属する事実をみだりに公表されない利益は、法的保護の対象となるというべきである」（最高裁平成29年1月31日決定・民集71巻1号63頁）としている。プライバシーの定義について最高裁判例で明らかにしたものはないが、「私生活をみだりに公開されないという法的保障ないし権利」（東京地裁昭和39年9月28日判決・判時385号12頁（「宴のあと」事件））として、

(注13) 板倉陽一郎「個人情報の取扱いに関する利用規約上の定めに関する考察」情報処理学会研究報告4号（2013）、「プライバシーに関する契約についての考察(1)～(7)」情報法制研究5巻～7巻（2017～2020）、「プライバシーに関する契約についての考察（問答編）」情報通信政策研究3巻2号（2020）

沿革的には私生活の平穏に係る人格的利益に着目して展開され、情報
化の進展に伴い、自己に関する情報をコントロールする権利と理解す
る立場が憲法的な通説となっている（第4章も参照）。

　そして、そのような理解から一般的に、不法行為の場面においても
権利侵害行為に対する利用者（被害者）の同意があった場合、当該同
意を抗弁として主張することにより同意がされた範囲で不法行為に基
づく損害賠償責任等を免れることができる。ただし、公序良俗に反す
る同意は利用者が処分権限を有する事項であっても、有効な同意では
ないとされている。

　また、実務的には「プライバシーポリシー」などによってプライバ
シーに関する契約が契約約款や利用規約等に含まれる形などを通じて
行われているところである。そして、そこでプライバシー情報の取扱
いについて同意をしたことは、プライバシーに関する請求権（人格権
に基づく差止請求権及び不法行為に基づく損害賠償請求権）を行使しな
いという意思表示を含むと考えることもできる[注14]。なお、プライ
バシーに関する請求権を行使しないという意思表示に係る条項が消費
者の利益を一方的に害する条項であるとすると当該条項は無効になり
得る（消費者契約法10条）。

(2)　民法（定型約款規制）

ア　はじめに

　利用者情報の取扱いに関する同意と契約上の合意の関係については
議論のあるところである。欧州のGDPRではこの点明確に区別し意
識して議論されているのに対して、国内では、必ずしも区別して議論
されてこなかったともいえる。その延長の問題として、大量の取引を
迅速かつ安定的に行うために、現代社会において不可欠となっている

(注14) 板倉陽一郎「プライバシー に関する契約についての考察(1)」情報法制研究1号（2017）

「約款」と利用者の同意の関係がある[注15]。

約款は、一方のみがその作成をする点、どこに何が定められているのかわからない（隠蔽効果）点を理由[注16]として、民法ではそもそも約款を契約に組み入れるための規制（組入規制）と、約款が契約内容に含まれるとしてもその内容が一方当事者によって決められていることから不当条項に対する規制（不当条項規制）の2つの視点でルールが作られている。

イ　定型約款の定義

改正民法では、①ある特定の者が不特定多数の者を相手方として行う取引であって、②その内容の全部又は一部が画一的であることがその双方にとって合理的なものを「定型取引」と定義した上で、③定型取引において、契約の内容とすることを目的としてその特定の者により準備された条項の相対を「定型約款」と定義している（民法548条の2第1項）。

①「ある特定の者が不特定多数の者を相手方として行う取引」とは、ある取引主体が取引の相手方（顧客）の個性を重視せずに多数の取引を行うような場面を抽出するための要件である。また、②「（取引の）内容の全部又は一部が画一的であることがその双方にとって合理的」なものという要件は、定型約款を細部までは読んでいない者を拘束することが許容されるのは、定型約款を利用しようとする定型約款準備者だけでなくその相手方（顧客）にとっても取引の内容が画一である

（注15） 例えば、総務省による「電気通信事業における個人情報保護に関するガイドラインの解説」では、「個別の同意がある場合だけでなく、電気通信役務の提供に関する契約約款において、個人情報の第三者提供に関する規定が定められており、当該契約約款に基づき電気通信役務に関する契約を締結し、かつ当該規定が私法上有効であるときは、「本人の同意を得（る）」又は「本人の同意がある」場合と解される。」としており、私法上の有効性により個人情報の第三者提供が正当化されるか否かを判断している。

（注16） 約款規制は事業者と事業者の間も規制対象に含まれており、情報・交渉力について構造的に差がある点を捕まえて、事業者と消費者との間を規制している消費者契約法とは少し観点が異なる。

ことが合理的であると客観的に評価できる場合に限られることを踏ま
え、適切な範囲に取引を限定するものである。そして、これらの要件
を充たす取引（定型取引）において、③「契約の内容とすることを目
的としてその特定の者により準備された条項の総体」が定型約款であ
るが、これは、当事者の一方が契約内容を補充する目的（顧客は具体
的には認識をしない可能性を想定しながらも、事業者が契約の細部を定め
ておくという目的）で、事前に作成していた定型的な契約条項が対象
となることを示すものである[注17]。

ウ　個人情報の取扱いに関する規定と定型約款の関係

　プライバシーポリシーや利用規約等において個人情報保護法に基づ
く同意をする旨を定めた条項があった場合、当該利用規約は定型約款
について定めた民法548条の2第1項に基づいて、合意したものとみ
なされるのか否かが問題となる。

　この点、立法担当者によると、ここでの「同意」は、行政規律である
個人情報保護法におけるものであり、契約の成立に向けられた私法上
の行為ではないことから、その効力の有無は、民法ではなく、個人情
報保護法の趣旨に照らして判断されることになるものと解される[注18]、
とし「契約の内容とすることを目的としてその特定の者により準備さ
れた条項の総体」（民法548条の2第1項柱書）には該当しないとして
いる。他方で、個人情報の取扱いについて規定された利用規約等はお
よそ問題なく「定型約款」に該当するとするものもある[注19]。仮に

(注17) 村松秀樹・松尾博憲『定型約款の実務Q&A』（商事法務、2018）10頁
(注18) そのため、法律行為とは異なり、一旦同意をした後であっても、本人が自由に同意を
撤回することができると解されている（宇賀克也『個人情報保護法の逐条解説（第6版）』
136頁）ほか、未成年者が親権者の了解を得ないでした同意であっても直ちに取り消され
ないと解されている（個人情報保護委員会「「個人情報の保護に関する法律についてのガイ
ドライン」及び「個人データの漏えい等の事案が発生した場合等の対応について」に関す
るQ&A」Q1−58）。
(注19) 潮見佳男『新債権総論Ⅰ』（信山社、2017）、板倉陽一郎「プライバシーに関する契約
についての考察(2)」情報法制研究2号（2017）

個人情報の取扱い等に関する同意が定められている利用規約等が「定型約款」に該当するとなると、当該利用規約は民法の定型約款における規律、例えば不当条項規制（民法548条の2第2項）や約款変更規制（民法548条の4）等に服することとなると考えられる（個人情報保護と約款変更規制との関係については後述する）。

⑶　その他

　経済産業省の準則[注20]では、ウェブサイトの利用規約が契約に組み入れられるための要件として「ウェブサイトを通じた取引やウェブサイトの利用に関して契約が成立する場合に、サイト利用規約がその契約に組み入れられる（サイト利用規約の記載が当該契約の契約条件又はその一部となる）ためには、①利用者がサイト利用規約の内容を事前に容易に確認できるように適切にサイト利用規約をウェブサイトに掲載して開示されていること、及び②利用者が開示されているサイト利用規約に従い契約を締結することに同意していると認定できることが必要である。」とする。

　サイトの利用規約の変更については「既存の継続的な契約の条件を変更後のサイト利用規約の条件に変更するためには、契約の相手方である利用者の同意が必要である。サイト利用規約の変更への同意は、契約変更についての同意であるから、サイト利用規約の契約への組入れと同様の要件を満たすものであることが必要である。利用者による明示的な変更への同意があれば、変更されたサイト利用規約が当事者の契約関係に組み入れられる。さらに、利用者による明示的な変更への同意がなくとも、事業者が利用規約の変更について利用者に十分に告知した上であれば、変更の告知後も利用者が異議なくサイトの利用を継続することをもって、黙示的にサイト利用規約の変更への同意が

(注20) 経済産業省「電子商取引及び情報財取引等に関する準則」（令和元年12月）20頁

あったと認定すべき場合があると考えられる。」と整理[(注21)]している。

3　行政法的評価・刑事法的評価[(注22)]

(1)　個人情報保護法

　個人情報保護法において、「本人の同意」に関する規定は、利用目的による制限（16条）、適正な取得（17条）、第三者提供の制限（23条）、外国にある第三者への提供の制限（24条）がある。そして同意に関係する問題としては以下のようなものが考えられる。

---

① 　利用目的の特定や、利用者（本人）の「同意」は何のために取得するのか。何に対して同意しているのか。

② 　「本人の同意」の定義は何か。どのような方式で同意を取得しなければならないのか。契約約款による同意はどのように考えられるか。

③ 　アカウント作成時に、個別のサービスごとではなく、全体の利用目的を示すことによる同意は認められるのか。

④ 　黙示の同意は認められるか。例えば、サービスを利用開始することをもって、利用規約・プライバシーポリシーに同意したとすることは可能か。

⑤ 　利用目的を追加・変更した場合、新たに同意取得は必要か。

⑥ 　利用規約・プライバシーポリシーの一方的変更条項は一般的に用いられるが、当初の「同意」との関係をどのように考えたらよいのか。利用規約・プライバシーポリシーを変更した場合、民事の「定型約款」規律の関係はどう考えればよいか。

⑦ 　利用規約・プライバシーポリシーに同意し、後に新サービスが追

(注21) 例えば、①変更が一般の利用者に合理的に予測可能な範囲内であるか否か、②変更が一般の利用者に影響を及ぼす程度、③法令の変更への対応、悪意の利用者による不正やトラブルへの対応、条項・文言の整理など、一般の利用者であれば当然同意するであろう内容であるか否か、④変更がサービスの改良や新サービスの提供など利用者にもメリットのあるものであるか否か、といった点は、サイト利用規約の変更への黙示の同意の成否を認定するにあたり考慮される可能性がある。

(注22) 行政法としての評価と刑事法としての評価は一致する場合が多いが、基本的には別のものである。例えば、電気通信事業法における直罰規律である通信の秘密侵害罪（同法179条）は行政法的な評価と関わりなく、その成立が判断される。

加された場合、新サービスにも利用規約・プライバシーポリシーの
効果は及ぶのか。

　これらが個人情報保護法上の「同意」との関係で実務的にも問題と
なる事例と考えられる。それぞれについて以下で検討する。

ア　利用目的の特定、利用者（本人）の「同意」の目的及び範囲

　利用目的の特定について、「利用目的をできる限り具体的に特定し
なければならないが、利用目的の特定に当たっては、利用目的を単に
抽象的、一般的に特定するのではなく、個人情報が個人情報取扱事業
者において、最終的にどのような事業の用に供され、どのような目的
で個人情報を利用されるのかが、本人にとって一般的かつ合理的に想
定できる程度に具体的に特定することが望ましい。なお、あらかじめ、
個人情報を第三者に提供することを想定している場合には、利用目的
の特定に当たっては、その旨が明確に分かるよう特定しなければなら
ない」とされる^(注23)。そして、「利用目的による制限の趣旨は、無限
定な個人情報の利用による本人の権利利益の侵害を防止することを防
止しているから、あらかじめ本人の同意を得た場合には、利用目的に
よる制限の例外を認めても差し支えない。本人の同意を得るにあたっ
ては、「いかなる目的で利用されても異議を唱えない」というように、
事前に包括的に同意を得ることは認められず、いかなる目的で利用さ
れるかを本人が十分認識しうるように具体的に利用目的を示した上で
明示的同意でなければならない。」とするものである^(注24)。そして、
第三者提供の制限（23条）は16条の特則として位置付けられている。
このように利用目的を特定し、本人の同意を要求するプロセスは、本
人がいかなる目的で自らの個人情報が取り扱われるかについて認識で

(注23) 個人情報保護委員会「個人情報の保護に関する法律についてのガイドライン（通則編）」
(注24) 宇賀克也『個人情報保護法の逐条解説（第6版）』（有斐閣、2018）136頁

きる形で同意を取得することを法定することで最低限の事業者の義務を定めている。

なお、同意取得等で利用されるプライバシーポリシーや利用規約等で明らかにすることが一般に求められている事項としては、①サービス提供者の氏名、名称、連絡先、②サービス提供者が取得する利用者情報の項目、③サービス提供者による取得方法、④利用目的の特定、⑤第三者提供、国外の第三者への提供、共同利用等、⑥同意取得の方法及び利用者関与の方法、⑦問い合わせ窓口、⑧プライバシーポリシーの変更を行う場合の手続、等が挙げられる[(注25)]。

イ 「本人の同意」の定義及び方式

同法において、「本人の同意」とは、「本人の個人情報が、個人情報取扱事業者によって示された取扱方法で取り扱われることを承諾する旨の意思表示をいう」と解釈され、「事業の性質及び個人情報の取扱状況に応じ、本人が同意に係る判断を行うために必要と考えられる合理的かつ適切な方法」での同意取得が認められており、契約約款による同意も必ずしも否定されていない。

そして、総務省のガイドライン解説では「個別の同意がある場合だけでなく、電気通信役務の提供に関する契約約款において、個人情報の第三者提供に関する規定が定められており、当該契約約款に基づき電気通信役務の提供に関する契約を締結し、かつ当該規定が私法上有効であるときは、「本人の同意を得（る）」又は「本人の同意がある」場合と解される」としている。

同意の取得方式は制限がなく、口頭による同意も否定されないほか、書面（電磁的記録を含む）の受領、メールの受信、確認欄へのチェック、ホームページ上のボタンのクリック、音声入力、タッチパネルへのタッ

(注25) 総務省「スマートフォン・プライバシー・イニシアティブⅢ」

チ、ボタンやスイッチによる入力等をガイドライン^(注26)では例示している。なお、金融分野における個人情報保護に関するガイドラインにおいては、同意は原則として書面によることとし、あらかじめ作成された同意書面を用いる場合には、文字の大きさ及び文書の表現を変えること等により個人情報の取扱いに関する条項が他と明確に区別され、本人に理解されることが望ましいこと、また、確認欄を設け本人がチェックを行うこと等本人の意思が明確に反映できる方法により確認を行うことが望ましいことを指摘している。

ウ　アカウント作成時における同意

　個人情報保護法は、ガイドラインにおいて「事業の性質及び個人情報の取扱状況に応じ、本人が同意に係る判断を行うために必要と考えられる合理的かつ適切な方法」での同意取得を求めるものであるところ、アカウント作成時に複数のサービス利用を前提にした個人情報の取扱い等についての同意を取得することも、「本人の個人情報が、個人情報取扱事業者によって示された取扱方法で取り扱われることを承諾する旨の意思表示」として評価できる場合には認められるものと考える。

　例えば、NTTドコモにおけるdアカウントサービスの利用規約^(注27)を確認すると「第17条　お客様のパーソナルデータの取り扱いについて：当社は、お客様のパーソナルデータの取り扱いについて、別途「NTTドコモ　プライバシーポリシー」において公表します。」と規定されている。そして、「NTTドコモ　プライバシー」においては、①パーソナルデータ^(注28)の適正な取扱い、②パーソナルデータの取得、③パーソナルデータの利用目的（次図参照）、⑤お客様によるパーソナルデータの管理、⑥パーソナルデータの安全管理、⑦パーソナルデータの取扱

(注26) 個人情報保護委員会「個人情報保護法に関するガイドライン（通則編）2-12「本人の同意」」
(注27) 2020年7月15日改訂版
(注28) NTTドコモでは、パーソナルデータについて、個人情報保護法に定める個人情報に限らず、個人に関する全てのデータを含むとして少し広く定義している。

いの委託、⑧パーソナルデータの取扱いに関するその他の事項の公表、⑨パーソナルデータの取扱いに関するお問い合わせ、という形で公表している。

したがって、アカウント作成時に利用規約への同意によりプライバシーポリシーの内容についても同意していることとなる。その結果、プライバシーポリシーで公表している利用目的の達成に必用な範囲内でdアカウントに紐付きドコモが提供する様々なサービスにおいてもパーソナルデータの利活用がなされることを含めて、利用者は同意をしていることとなる。

	サービス・商品等の提供に必要なこと	お客さまへの提案や企画開発・調査等にかかわること
一人ひとりのお客さまにかかわること	**利用目的①** サービス・商品等の提供や、それに必要なお客さまとのやりとりやお知らせのため	**利用目的②** サービス・商品等の提案や、それにかかわるお客さまとのやりとりやお知らせのため ※「提案」には、各種キャンペーンの実施を含みます
サービス・商品等にかかわること	**利用目的③** サービス・商品等の確実・安定的な提供に必要な保全や不正対策のため	**利用目的④** サービス・商品等の企画開発・改善や、各種調査・分析のため

（出典）NTTドコモホームページより抜粋

例えば、上記の利用目的①に関するものの例示としてNTTドコモは「プライバシーポリシー」において以下の事項を掲載している。

■ ご契約内容に基づく各種サービス・機能の提供その他ご契約内容の実施のため

■ お申込み時およびサービスご利用時等における本人確認または家族確認のため

■ お申込み条件を満たしているかどうかの確認のため

- 与信判断や与信後の管理のため
- ご請求金額（回収代行分を含みます）の計算・請求やポイントの管理のため
- お客さまに対して取得した債権・権利の処分、担保差し入れその他の取引のため
- 年齢判定機能に対応するコンテンツ提供会社のサービスをご利用になる際の年齢情報通知のため
- ご契約に関する必要事項のお知らせのため
- ご注文いただいた商品の手配・発送・アフターサービスのため
- 不正契約・不正利用・不払いの発生時のお客さまへのご連絡のため
- サービスに関するご意見・ご要望・お問い合わせ等への対応のため

エ　黙示の同意

黙示の同意は認められるか。例えば、サービスを利用開始することをもって、利用規約・プライバシーポリシーに同意した、個人情報の取扱いに同意した、とすることは可能か。

個人情報保護法では、「黙示の同意」が認められるか否かについては、個別の事案ごとに、具体的に判断することとなるとし、他方で、一定期間回答がなかったことのみをもって一律に本人の同意を得たものとすることはできないとしている[注29]。

なお、個人情報保護委員会は「黙示の同意」について明確な定義をおいていないが、「医療機関等については、患者に適切な医療サービスを提供する目的のために、当該医療機関等において、通常必要と考えられる個人情報の利用範囲を施設内への掲示（院内掲示）により明らかにしておき、患者側から特段明確な反対・留保の意思表示がない場合には、これらの範囲内での個人情報の利用について同意が得られているものと考えられる。」とし、「第三者への情報の提供のうち、患

(注29) 個人情報保護委員会「個人情報の保護についてのガイドライン」及び「個人データの漏えい等の事案が発生した場合等の対応について」に関するQ&A

者の傷病の回復等を含めた患者への医療の提供に必要であり、かつ、個人情報の利用目的として院内掲示等により明示されている場合は、原則として黙示による同意が得られているものと考えられ」ている。これはかなり特殊な事例における考え方であって、一般的には、利用者がサービス開始したこと等をもって「同意」があるとすることは難しいと考えられる。

オ　利用目的を追加・変更時の同意

　個人情報保護法は、「利用目的を変更する場合には、変更前の利用目的と関連性を有すると合理的に認められる範囲を超えて行ってはならない」（15条2項）とし、「あらかじめ本人の同意を得ないで、……特定された利用目的の達成に必要な範囲を超えて、個人情報を取り扱ってはならない」（16条1項）とする。

　同法ガイドラインでは、「特定した利用目的は、変更前の利用目的と関連性を有すると合理的に認められる範囲、すなわち、変更後の利用目的が変更前の利用目的からみて、社会通念上、本人が通常予期し得る限度と客観的に認められる範囲内で変更することは可能」とし、「本人が通常予期し得る限度と客観的に認められる範囲」とは、本人の主観や事業者の恣意的な判断によるものではなく、一般人の判断において、当初の利用目的と変更後の利用目的を比較して予期できる範囲をいい、当初特定した利用目的とどの程度関連性を有するかを総合的に勘案して判断される」とする。

　当初、第三者提供を行う旨を定めていなかった場合に、利用目的に第三者提供を行う旨追加することは、一般に、関連性を有するとは言いがたいと考えられる。個人情報保護法は、取得や利用は利用目的の通知・公表でよいとするのに対して第三者提供については同意を求めていることからして、一次取得した事業者から外部へ個人データが出ることについてはやや厳格に考えているものと思われる。

カ　利用規約等の変更と不当条項規制（定型約款）との関係

　利用規約・プライバシーポリシーの一方的変更条項は一般的に用いられるが、当初の「同意」との関係をどのように考えたらよいのか。利用規約・プライバシーポリシーを変更した場合、民事の「定型約款」規律の関係はどう考えればよいか。

　まず改正民法では、「定型約款」の変更が「①相手方の一般の利益に適合する」か、②「契約をした目的に反せず、かつ、……変更に係る事情に照らして合理的なものであるか」のいずれかの場合であって、変更が「合理的」なものであるか否かは、客観的にみて合理的である必要があり「変更の必要性、変更後の内容の相当性、……定型約款の変更をすることがある旨の定めの有無及びその内容」が考慮事情として例示されている（民法548条の4第1項）。なお、「定型約款を変更することがある旨の定めの有無及びその内容」については、変更があり得る旨を定めただけではさしたる意味はなく、より具体的に変更の条件や手続が定められていた場合に、そのことが「合理的なもの」と認める積極的な事情として考慮される[注30]。

　この点につき、「定型約款の規律は私法上の契約であるプライバシーに関する契約には当然適用されるが、手続的な側面を強く有することから、公法上の契約の側面にも、民法の法律行為に関する規定の一環として適用又は準用されると考えるべき。」[注31]とする考え方がある。この考え方を前提とすると民法の規律の適用又は準用があることになる。

　また、「サイト利用規約の変更前に継続的な契約が締結されている場合には、変更後のサイト利用規約が組み入れられることへの利用者の同意がない限り、サイト利用規約の変更前に継続的な契約を締結した利用者に対しては変更前のサイト利用規約が適用されるのが原則で

(注30) 村松ほか・前掲（注17）
(注31) 板倉・前掲（注13）

ある。しかし、ウェブサイトを通じた新しいサービスや取引のサイト利用規約はトラブルを含め運用経験の中で順次改良されていくことが通例である。また、多数の利用者を画一的に取り扱う必要性から、変更前の旧サイト利用規約の下で継続的な契約を締結した既存の利用者との関係でも最新のサイト利用規約を組み入れるべき必要性は高い。利用者の多くは、このような状況を理解しており、したがってサイト利用規約の変更の可能性につき認識があると考えられる。特にオンラインゲームやインターネット・オークションなど利用者相互間の関係が問題となる局面では、利用者には他の利用者にも平等に変更後の最新のサイト利用規約が組み入れられることへの積極的な期待があると考えられる。この点、利用者による明示的な変更への同意がなくとも、事業者が利用規約の変更について利用者に十分に告知した上で、変更の告知後も利用者が異議なくサイトの利用を継続していた場合は、黙示的にサイト利用規約の変更への同意があったと認定すべき場合があると考えられる。」とされている[注32]。

　個人情報保護法上の評価は、個別事例により別途判断されるものであるが、利用規約の変更への同意があったと認定できる場合は、個人データの取扱いに関する変更についての同意としても基本的には上記考え方が妥当するものと考えてよいのではないかと思われる。

キ　新サービス追加時の同意の要否

　利用規約・プライバシーポリシーに同意し、後に新サービスが追加された場合、新サービスにも利用規約・プライバシーポリシーの効果は及ぶのか。

　アカウント作成時の同意の在り方で検討したとおり、個人情報保護法は、個別のサービスごとの同意を必ずしも要求しておらず、利用目

(注32) 経済産業省「電子商取引及び情報財取引等に関する準則」（令和元年12月）20頁

的ごとでの同意でもって足りると考えているものと思われる。そうすると、同じサービス提供主体であって、新たに追加された利用目的がない場合は、当該新サービスにおいても従前の利用規約・プライバシーポリシーによって取得した同意の効果は及ぶものと考えられるし、利用目的が新たに追加された場合には、当初の利用目的と「関連性を有すると合理的に認められる範囲」（個情法15条2項）か否かにより判断される。

◆GDPRにおけるEDPB「同意」のガイドライン[注33]

国内における個人情報保護法の解釈に直接影響するものではないが、その考え方等は非常に参考になるものとして、GDPRにおける「同意」のガイドラインがある。

○概要

「同意」はGDPR6条に列挙され、個人データ処理を適法化する根拠の1つである。そして、特別な種類のデータ処理についてもGDPR9条はデータ主体の明示的な同意を根拠として認めている。第29条作業部会（後のEDPB）によって、同意に関するガイドラインが公表されている。同ガイドラインでは、既存のeプライバシー指令に関して、GDPRによって廃止された前身の個人データ指令への参照がGDPRへの参照と解釈されることを明示しており、有効な同意を得るためのGDPRの条件は、eプライバシー指令の範囲内にも適用できる。また、現在議論がなされているeプライバシー規則（案）においても「同意」はプライバシーデータの処理の根拠として認められており、同意の解釈はGDPRに準拠する旨が明示されている。このため、同ガイドラインが欧州の個人データ、プライバシーにおける「同意」の議論を理解する上で重要である。

同意は、データ主体の基本的人権である個人データの処理に関係し、

(注33) https://edpb.europa.eu/sites/edpb/files/files/file1/edpb_guidelines_202005_consent_en.pdf
個人情報保護委員会の仮訳参照。

管理者がデータ主体の同意なしでは違法となる処理業務を行うことを望むのであるから、データの処理業務を人々に承諾させる場合には、厳格な要件に従うべきであるとする。そして、同意の重要な役割については、個人データとプライバシーの保護について規定する欧州連合基本権憲章7条及び8条からも明白であるとし、「同意」についてその解釈、取得の在り方を含めて重要なものであることを確認している。

○同意の定義

　GDPRでは、4条⑾において同意を以下のように定義する。すなわち「①自由に与えられ、②特定され、③説明を受けた上での、④不明瞭でない、データ主体の意思の表示を意味し、それによって、データ主体が、その陳述又は明確な積極的行為により、自身に関連する個人データの処理の同意を表明するもの」。

① 「自由に与えられた」

　「自由」の要素は、データ主体に真の選択と支配権限があることを意味する。データ主体が真の選択をせず、同意を強制されたと感じ又は、同意しなければネガティブな結果に直面すると感じるならば、同意は有効ではない。ここでは、「力の不均衡」「条件性」「粒度」「不利益」の4つの要素について言及されている。

・力の不均衡

　この要素は「力の不均衡」を考慮する。例えば、公的機関による処理を同意に依拠できそうにないことを指摘している。また、雇用の文脈でも、労使関係から生じる主従関係を前提にするとデータ主体は雇用者に対して同意を拒否できる可能性が低いことを指摘する。しかし、例外的に悪影響が一切ない状況であれば、従業員による雇用主に対する同意も「自由」であると言い得る。

・条件性

　次に、「条件性」についても重要である。契約条件の承諾と同意を抱き合わせる状況や契約の履行又はサービスの提供に必要とされない

個人データを処理するための同意をサービスの提供と結びつけることが望ましくないことを示している。同意と契約は融合させて曖昧にできるものではない。管理者が契約の履行のために必要な個人データの処理を求める場合、同意は適切な法的根拠ではなく、この場合の適切な法的根拠としては、「データ主体が契約当事者となっている契約の履行のために取扱いが必要となる場合、又は、契約締結の前に、データ主体の要求に際して手段を講ずるために取扱いが必要となる場合」と定める6条(1)(b)である。GDPRが7条(4)において「同意が自由に与えられたか否かを判断する場合、特に、サービスの提供を含め、当該契約の履行に必要のない個人データの取扱いの同意を契約の履行の条件としているか否かについて、最大限の考慮が払われなければならない。」としているのは、要求されたデータが契約の履行（サービスの提供を含む）に必要ではなく、その契約の履行がこれらのデータを同意に基づいて得ることを条件としている場合にのみ関連することを意味する。反対に、処理が契約の履行（サービスの提供を含む）に必要である場合には、同条項は適用されない。

・粒度

　同意が「自由」な選択に基づいているか否かの点で、その「粒度」が重要である。一つのサービスが複数の目的のためにいくつもの処理業務を行うこともある。その場合、データ主体はひとまとまりの処理の目的に同意しなければならないのではなく、どの目的に対して承諾するのか否か自由に選択できるようにすべきである。管理者がデータ処理に関する複数の目的を一括し、各目的についてそれぞれ個別に同意を求めようとしないならば、自由の欠如となる。

・不利益性

　管理者は「不利益」を受けずに同意を拒否又は撤回できることを示す必要がある。例えば、管理者は、同意の撤回がデータ主体の費用負担をもたらさず、同意撤回により明確な不利益が存在しないことを示す必要がある。

② 「特定の」

　GDPR6条(1)(a)は、データ主体の同意が「一つ又は複数の特定の」目的に関係して与えられなければならず、またデータ主体はそれら個々に関して自由に選べることを確認している。同意が「特定の」のものでなければならないという要件は、データ主体に対して、ユーザの支配権限と透明性を確保することを目的とする。そして、データ主体がデータの最初の収集に同意した後、データが処理される目的の漸次的拡大又は曖昧化に対するセーフガードとして機能する。管理者が同意に基づいた処理を行いまた別の目的のためにそのデータの処理を望む場合、別の目的のために追加の同意を求める必要がある。

③ 「説明を受けた」

　GDPRは、同意が説明を受けた上でのものでなければならないことを明示している。透明性の要件は基本的原則の1つであり、公正性及び適法性の原則とも密接に関連する。同意に先立ってデータ主体に情報を提供することは、データ主体による、情報に基づく意思決定を可能とし、何について承諾しているのかを理解できるようになる。説明を受けたとして有効な同意を得るためには以下が最低でも必要である。

---

　i　　管理者の身元

　ii　　同意が求められるそれぞれの処理業務の目的

　iii　　収集され利用されるデータ（そのタイプ）

　iv　　同意を撤回する権利の存在

　v　　自動化された意思決定のためにデータを利用する場合はその旨

　vi　　十分性認定や適切な保護措置がないことによる国外へのデータ移転が起こるり得るリスクについて

　情報提供する在り方としては、管理者は、どのような場合でも、それらが明確かつ平易な用語を用いることとし、理解が困難な長文のプライバシーポリシーや法律の専門用語の多い説明を使用することはで

きない。説明は、理解しやすいものであって、かつ、容易にアクセスできる方法で提供されなければならない。

　同意が電子的な手段で与えられる場合は、その要求は明確で簡潔でなければならない。階層化された粒度の細かい情報は、一方において、正確で完全であり、他方において、理解しやすいという二重の義務に対処する適切な方法となり得る。同意が契約の一部として要求される場合、同意の要求は他の事項と明確に区別されるようにすべきである。電子的な手段によって求められる場合は、単純に契約条件の1パラグラフとすることはできない。小さな画面又は限定されたスペースの中に情報を入れたときには、過剰な混乱を回避するため、階層化された情報提示の方法が考えられる。なお、管理者の身元又は取扱いの目的がレイヤー化されたプライバシーの注意書きの最初の情報レイヤーにない場合は、データ主体が同意の提供に先立って情報にアクセスしたことを管理者が証明できなければ、データ主体が説明を受けた同意をしたとは評価できない。

④　不明瞭でない意思表示

　GDPRは、同意についてデータ主体からの声明又は明らかな積極的行為を求めていて、同意が常に積極的な行動又は宣言によって与えられなければならないことを意味する。例えば、あらかじめチェックの入ったオプトインのチェックボックスの利用は無効である。データ主体の沈黙やアクティブ化しないこと、また単にサービスの利用開始すること（例えば、ウェブサイトの通常利用を続けること）は、選択についての積極的な表示とみなすことはできない。

　同意が契約書に合意すること又はサービスの一般的な条件を承諾することと同じ行為によっては得られないことも、注意が必要であり、一般的な条件による包括的な承諾は、個人データの利用に関する同意のための明確な積極的行為とはみなされない。また、事前にチェックされたボックス又はオプトアウトの仕組みの提供をGDPRは認めていない。

　同意は処理行為の前に与えられるべきである。原則的には、データ

主体の同意を一度求めることで十分であるが、管理者は、目的が変更される又は追加の目的が想定される場合には、新たなそして特定的な同意を不明瞭でない意思表示で取得する必要がある。

○明示的な同意

　明示的な同意は、重大なデータ保護のリスクが出現する状況において必要で、そのため、個人データについて高いレベルの個人のコントロールが適切とみなされる場合に、必要とされる。GDPRでは、明示的な同意は、特別な種類のデータ処理（9条）、十分な保護措置をもたない第三国又は国際組織へのデータ移転（49条）、そしてプロファイリングを含む個人に対する自動化された意思決定（22条）において重要な役割を果たす。

　GDPRでは、特別なカテゴリーのデータを処理するための一般的禁止に対する例外として「契約履行のために必要である」ことを認めていない（9条⑵）。

○有効な同意を得るための追加的条件

　GDPRは、管理者が有効な同意を得て、それを保持し、それを証明できることを確保するための追加的な要件を定める（7条）。管理者は、データ主体から有効な同意を得たこと及び管理者の実施した同意メカニズムに関して、説明責任を負う。また、GDPRでは、同意がどれくらいの期間継続するかについて、特定の期間を示していない。同意がどれくらい継続するかについては、同意が取得された文脈、同意の範囲、データ主体の期待に依拠する。

　また、同意の撤回について、管理者は、データ主体による同意の撤回が、同意を与えたときと同様に簡単にまたいつでも可能であることを確保しなければならない。例えば、同意が一回だけのマウスクリックスワイプ又はキーストロークによる電子的な手段を通じて得られているときは、データ主体は実際上同等な容易さでその同意を撤回できなければならない。撤回のためだけに他のインターフェイスへ変える

ことは、不当な作業を求めることになるため認められない。

　同意が撤回された場合、撤回前の同意に基づいたデータ処理業務は依然として全て適法であるが、管理者は関係する処理業務を中止しなければならない。データの処理を正当化する他の根拠がなければ、そのデータは管理者により消去されなければならない。もっとも、顧客データは契約と同意に基づいている場合もあり、このときの同意の撤回は、管理者がデータ主体との契約履行に基づく目的のために処理されたデータを消去しなければならないことまで意味するものではない。

⑵　電気通信事業法

　電気通信事業法（昭和59年法律第86号）は、「第1章　総則」で秘密の保護（4条）を規定し、これを受け「第2章　電気通信事業」では、電気通信事業者に対して、業務の停止等の報告（28条）、業務の改善命令（29条）等の規律を、また、「第6章　罰則」では、通信の秘密侵害罪（179条）の規律等を定める。

　電気通信事業法179条は、「電気通信事業者の取扱中の通信の秘密……を侵した者は」処罰するとして罰則を規定する。通信の秘密を侵害する行為は、通信当事者以外の第三者による行為を念頭に、知得（積極的に通信の秘密を知ろうとする意思のもとで知る行為）、窃用（発信者又は受信者の意思に反して利用すること）、漏えい（他人が知り得る状態に置くこと）を意味するとされる。もっとも、通信当事者の「有効な同意」がある場合には、通信当事者の意思に反しない利用であるため、通信の秘密の侵害にあたらないと解されている 。通信当事者の「有効な同意」については、通信の秘密という重大な事項についての同意であるから、その意味を正確に理解した上で真意に基づいて同意したといえなければ有効な同意があるということはできない。

　「有効な同意」であるか否かは司法判断であり、またそれは利用者の内心に関わる主観的なものである。そこでこれまでの検討の中心は、

事業者側の手続的・客観的な「同意取得の在り方」の適正性として、一般的に言い表す表現として通信の秘密に係る情報の取扱いについては「原則として通信当事者の個別具体的かつ明確な同意が必要」であるとされていると考えられる[注34]。そして、事業者が利用者との関係で手続的に一定の担保がとれていることをもって「有効な同意」であると解されてきた。すなわち、同意の有効性の判断を、手続的な要素である「個別具体的」な同意か。「明確」な同意か。という2つの観点から「同意取得の在り方」を定式化し、類型的な検討により分析的なアプローチをとってきたものと考えられる。

　もっとも、「有効な同意」と評価できるか否かは本来、当該要素のみにとどまるものではなく、例えば、同意の任意性についても個別ケースでは検討を要する場合があるなど、上記2要件が「有効な同意」における必要十分条件でないことにも留意が必要である。また、「有効な同意」であるか、「同意取得の在り方」として適切当か否かは本来、個別事例におけるリスクに比例して評価が変わり得るという特徴もある。加えて、利用者が理解することが困難なものについてはそもそも、「有効な同意」として利用者の同意を正当化根拠とすることができないものもあるのではないかとの指摘もあるところである。

第3 まとめ

　企業の担当者はビジネスを作り込む際に、データの取扱いについて「個人情報」に該当しないようサービス作ろうと試みることで、個人情報保護法の適用がないといえるか、プライバシー上問題がないかといった形で相談を持ち込むことが非常に多いと感じる。個人情報やプライバシーの問題は、個人情報保護法の適否の問題も重要であるが、

(注34)「有効な同意」であるか否かと、「同意取得の在り方」が適正か否かは厳密には異なる概念であることに留意が必要である。

そうではなく、情報を取り扱う事業者としてどのような形で利用者にアプローチをするのか。すなわち、利用者への情報提供（通知・公表）をどのような形でわかりやすく行い、利用者に対してどのようなアクションをとってもらうのか（同意）、その上で、利用者が事業者に対してアクセスしやすいことを担保し透明性をどのように確保するのか等が重要である。このように、利用者の「同意」という一つの行為のみに依拠して考えるのではなく、事前にどのようにユーザにアプローチをして情報提供を行い、どのような同意手続を踏むのか、また同意を取得した後についてもどのように透明性を確保して利用者にコントロールする手段を与えるのかという全体で考えて、プライバシー保護を図る必要がある。「個人情報」に該当するか否か、該当しないようにサービスをどう作り込むかという、リーガルリスクからのアプローチももちろん重要であるが、全体として利用者との接点を適切に確保することにより利用者に丁寧に向き合うことがレピュテーションリスクを下げる近道なのではないか。本章の説明・検討がその一助になれば幸いである。

第6章

データ利用に際して
留意すべき競争法
（独占禁止法）の規制概要

本章の位置付け

1 本章の目的

　データに関する取引については、個人情報保護法という情報保護に関する法規制とは別に、経済活動の基本ルールである競争法の適用があり得る。我が国における競争法とは、独占禁止法のことを指す。

　我が国において、データ取引に関する独占禁止法の規制としては、M&Aの場面／個々の取引の場面という2つの場面において、それぞれ、企業結合規制／優越的地位の濫用規制に留意する必要がある。

　独占禁止法を所管する公正取引委員会（公取委）は、データ駆動型のプラットフォームビジネスの広まりや個人情報の利用の在り方に対する近時の問題意識を踏まえて、2019年末に企業結合と優越的地位の濫用の観点から、ガイドラインを改定／策定している。本章では最新の公取委のガイドラインに沿って、データ取引に関する日本の独占禁止法の規制について整理し、ビジネスを行うにあたって留意すべき点を解説する。

　また、公取委や政府のデジタル市場競争本部では、データ駆動型ビジネスの典型ともいえるデジタル広告市場の実態調査や競争評価を行っており、2020年にそれぞれ中間報告を公表しているので、その内容についても本章で概観する。

　以上のとおり、本章は、データビジネスにおける独占禁止法の規制及び留意点、そしてデジタル広告市場の実態の把握と今後の規制の方向性などについて、その要点を解説するものである。

2 本章の構成

　本章では、データ取引と競争法（独禁法）について、以下の点について解説を行う。

---

① 独占禁止法の概要（**第1**）

② データ取引に関する独占禁止法の規制概要（**第2**）

③ データ取引に関して独占禁止法に留意すべき点（**第3**）

④ 具体的に独占禁止法上の規制が想定されるケース（**第4**）

　まず、①基本的なこととして独占禁止法の規制概要を確認した上で（**本章第1**）、②データ取引に関し、独占禁止法がどのような場面で、具体的にどのような規律として適用されるかという点について、整理を行い（同**第2**）、それらを踏まえて③データ取引における留意点（同**第3**）及び④具体的に規制が想定されるケース（同**第4**）について説明する。

第1 独占禁止法の概要

1　独占禁止法とは

　独占禁止法とは、正式名称を「私的独占の禁止及び公正取引の確保に関する法律」（昭和22年法律第54号）という。

　独占禁止法は、市場メカニズムを健全に機能させるために制定された法律であり、事業者の経済活動全般に適用される基本的なルールである。市場メカニズムが健全に機能することにより、事業者は、自らの創意工夫によって切磋琢磨し、より安価なより優れた商品・サービスを提供して売上高を伸ばそうとする。これにより、消費者は、ニーズに合った商品・サービスを選択することができる。

　このように、事業者間の競争によって、最終的に消費者の利益が確保され、自由主義市場経済の益々の発展に繋がる。これが、独占禁止法（競争法）の所期するところである（独禁法1条）。

2　規制の内容

　独占禁止法は、市場メカニズムを健全に機能させるために、私的独

占、不当な取引制限（カルテル、入札談合等）、不公正な取引方法など
の行為を規制する。

　独占禁止法は、M&Aの場面にも適用される。すなわち、株式取得
や合併等により、それまで独立して活動を行っていた企業間に結合関
係が生まれ、市場における競争を実質的に制限することとなる場合に
ついて、独占禁止法は、そのような企業結合を禁止している。

　独占禁止法により具体的に規制される行為の類型については、下表
のとおりである。

独占禁止法の規制内容

規制類型	概　　要
私的独占の禁止	新規参入者を妨害して市場を独占しようとする行為などの禁止
不当な取引制限の禁止	いわゆるカルテル・談合の禁止
事業者団体の規制	事業者団体による競争の実質的な制限、事業者の数の制限等の禁止
企業結合の規制	競争を実質的に制限するような企業結合の禁止
独占的状態の規制	競争の結果での独占的状態でも市場に弊害あれば事業譲渡等させる
不公正な取引方法の禁止	排他条件付取引、拘束条件付取引、再販売価格維持行為、優越的地位の濫用等

3　エンフォースメント

⑴　行政処分

　独占禁止法は、公取委が執行する。公取委は、独占禁止法違反事件
について、審査を行い、法令に従って違反事業者に対し排除措置命令
や課徴金納付命令という行政処分を行う。

　排除措置命令とは、違反行為の排除や再発防止のために、違反事業
者に対し、一定の作為・不作為を命じる行政処分である。

　課徴金納付命令とは、違反行為のうち、一定の類型について課徴金
（違反行為防止という行政目的を達成するため、行政庁が違反事業者に対

して課す金銭的不利益）を課すという行政処分である。課徴金は、違反行為の対象となった商品・サービスの違反行為期間中の売上に一定の割合（算定率）を乗じることにより算定される。

課徴金納付命令の対象となる行為類型と算定率は、下表のとおりである。

課徴金の対象となる行為類型と算定率

行為類型	算定率
不当な取引制限（カルテル・談合）	10%
支配型私的独占	10%
排除型私的独占	6%
共同の取引拒絶／差別対価／不当廉売／再販売価格の拘束（いずれも再犯のみ）	3%
優越的地位の濫用（継続の場合のみ）	1%

⑵ 刑事罰

公取委は、独占禁止法違反事件のうち、犯則事件（独禁法89条、90条及び91条の罪に係る事件）を調査するため必要があるときには、裁判官の発する許可状により、臨検、捜索又は差押えを行うことができる。公取委は、犯則調査の結果、犯則の心証を得たとき、検事総長に告発を行う。

犯則調査により刑事罰の対象となり得る行為類型と罰則は、下表のとおりである。

なお、同一事件について、課徴金と罰金の双方が併せて課（科）されるときは、罰金額の2分の1に相当する金額が課徴金から控除される（独禁法7条の2第19項）。

独占禁止法違反と刑事罰

行為類型	罰則（個人）	罰則（法人）
私的独占、不当な取引制限、事業者団体の禁止行為違反	5年以下の懲役／500万円以下の罰金	5億円以下の罰金
国際的協定等、事業者団体の禁止行為違反	2年以下の懲役／300万円以下の罰金	300万円以下の罰金
確定排除措置命令違反	2年以下の懲役／300万円以下の罰金	3億円以下の罰金
銀行又は保険会社の議決権保有の制限違反等の罪	1年以下の懲役／200万円以下の罰金	200万円以下の罰金

⑶　民事手続

　独占禁止法違反行為のうち、不公正な取引方法については、該当する行為の差止めを請求することができる（独禁法24条）。

　また、不当な取引制限（カルテル・談合）や私的独占、不公正な取引方法の被害者は、公取委による排除措置命令が確定した後に、違反事業者に対し、損害賠償を請求することができる。この場合、違反事業者は、故意又は過失がなかったことを証明しても、損害賠償責任を免れることができない（無過失損害賠償責任）。

　なお、独占禁止法に違反する行為は、私法上当然に無効になるわけではないが（最高裁昭和52年6月20日判決・民集31巻4号449頁（岐阜商工信用組合両建預金訴訟上告審））、違反行為の目的、その態様、違法性の強弱、その明確性の程度等に照らし、当該行為を有効として独占禁止法の規定する措置に委ねたのでは同法の目的が充分に達せられない場合には、公序良俗に違反するものとして民法90条により無効となるものと解される（東京高裁平成9年7月31日判決・判時1624号55頁（花王化粧品販売事件控訴審））。

独占禁止法に基づく民事請求

対象類型	請　　求
不公正な取引方法	差止請求
不当な取引制限（カルテル・談合）、私的独占、不公正な取引方法	損害賠償請求（無過失損害賠償責任）

第2 データ取引に関する独占禁止法の規制概要

1　総　論

　公取委は、2019年に、デジタル分野における新たな市場の在り方や、その中で中心的な役割を果たすデジタルプラットフォーム事業者の台頭を踏まえ、①企業結合の観点、②不公正な取引方法（優越的地位の濫用）の観点から、ガイドラインにおいて考え方を示している。

　そこで、データ取引に関しては、①M&Aの場面、②個々の取引の場面という2つの場面において、それぞれ、(i)企業結合規制、(ii)優越的地位の濫用規制という独占禁止法の規制に留意する必要がある。

2　M&Aの場面における規制

(1)　基本法制

　独占禁止法における企業結合とは、株式取得・所有、役員兼任、合併、共同新設分割・吸収分割、共同株式移転、事業譲渡等を指す（独禁法10条〜16条）。

　独占禁止法は、企業結合により一定の取引分野における競争を実質的に制限することとなる場合に、そのような企業結合を禁止している。

　また、独占禁止法では、一定の要件に該当する企業結合については、その取引の実行の前に、公取委へ届出を行うことを義務付けている。一定の要件として、株式取得・所有、合併、共同新設分割・吸収分割、共同株式移転、事業譲渡等については、対象となる会社等の国内売上

高を基準とする。

企業結合規制の基本的な考え方

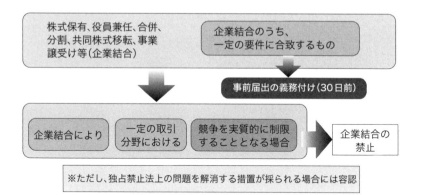

（出典）公正取引委員会ホームページ

⑵　競争の実質的制限

　独占禁止法は一定の取引分野における競争を実質的に制限することとなる企業結合を禁じているが、競争を実質的に制限するというのは、その市場が有する競争機能を損なうことであり（最高裁平成24年2月20日判決・民集66巻2号796頁（多摩談合事件））、競争自体が減少して、特定の事業者又は事業者集団がその意思で、ある程度自由に、価格、品質、数量、その他各般の条件を左右することによって、市場を支配することができる状態をもたらすことをいうものと解されている（東京高裁昭和28年12月7日判決・高民集6巻13号868頁（東宝・新東宝事件））。

　簡単にいうと、競争の実質的制限とは、市場における自由競争が相当程度減少してしまう状態である。例えば、ある地域のある商品の販売でシェア45パーセントのA社、35パーセントのB社、10パーセントのC社、10パーセントのD社がいた場合に、A社とB社が合併することによりシェア80パーセントのA′社が誕生し、A′社がその商品のその地域における価格、品質、数量等をある程度コントロールすることができるようになってしまうことがあり得る。そうすると、より安価で良質な商

品の販売という自由競争が行われにくくなってしまうため、このような
合併が無条件で行われることは、独占禁止法に違反することになる。

競争の実質的制限の考え方

一定の取引分野における競争の実質的制限	その市場が有する競争機能を損なうこと （競争自体が減少して、特定の事業者又は事業者集団がその意思で、ある程度自由に、価格、品質、数量、その他各般の条件を左右することによって、市場を支配することができる状態をもたらすこと）

競争の実質的制限のイメージ

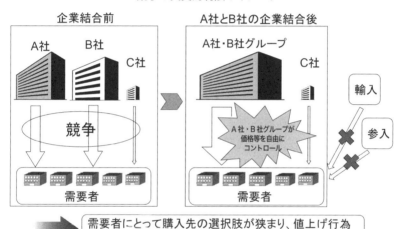

（出典）公正取引委員会「企業結合審査の考え方について」（平成29年12月6日事務総長定例記者会見配布資料）

　独占禁止法に違反して競争を実質的に制限することとなる企業結合
を行った場合、公取委は、事業者に対し、排除措置命令を行うことが
できる。排除措置命令において、公取委は、株式の全部又は一部の処分、
事業の一部の譲渡、会社の役員の辞任その他独占禁止法違反行為を排
除するために必要な措置を命ずることができる（独禁法17条の2）。

　近時の事例としては、長崎県に本店を置き銀行業を営む親和銀行等
を子会社に持つふくおかフィナンシャルグループが、同業を営む十八

銀行の株式を取得しようとしたケースについて、公取委が長崎県における中小企業向け貸出しに関する競争が実質的に制限されるおそれがあるとして無条件での企業結合を承認せず、報道などで話題になったことが記憶に新しい（その後、2020年5月に「地域における一般乗合旅客自動車運送事業及び銀行業に係る基盤的なサービスの提供の維持を図るための私的独占の禁止及び公正取引の確保に関する法律の特例に関する法律」（令和2年法律32号）が成立し、地域銀行の合併等については独占禁止法の適用除外となる場合があることが決定された。）。

このケースでは、長崎県における中小企業向け貸出しについて（県全体でのシェアは、ふくおかフィナンシャルグループが約40パーセント、十八銀行が約35パーセント）、両者が結合した場合には、競合会社などからの競争圧力が十分には働かず、競争を実質的に制限することとなると判断された。

そのため、ふくおかフィナンシャルグループと十八銀行は、問題解消措置として、①他の金融機関に対する合計1千億円弱の債権譲渡、②不当な金利の引上げや貸し渋り等が生じていないかという点について事後的なモニタリングを行うことを公取委に申し出て、ふくおかフィナンシャルグループによる十八銀行の株式取得が承認された。

ふくおかフィナンシャルグループと十八銀行の統合

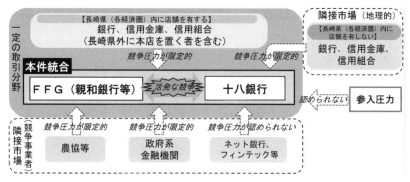

（出典）公正取引委員会「株式会社ふくおかフィナンシャルグループによる株式会社十八銀行の株式取得に関する審査結果について」（平成30年8月24日発表資料）

(3) ガイドライン改定

公取委は、2019年12月17日に、「企業結合審査に関する独占禁止法の運用指針」（以下「企業結合ガイドライン」という。）、「企業結合審査の手続に関する対応方針」（以下「企業結合手続ガイドライン」という。）という2つのガイドラインの改定を行った。

それぞれのガイドラインの改定の概要は、以下のとおりである。

ア　企業結合ガイドラインの改定の概要

デジタル市場においては、企業の市場シェアが小さくても、データの独占により競争阻害が生じるおそれがある。公取委の従来の考え方のみでは、多面市場、間接ネットワーク効果、無料サービスによるデータ集積・活用等の新しい特性を持つデジタル市場について、十分な勘案ができないのではないかと指摘され始めた。

そのため、成長戦略実行計画（2019年6月21日閣議決定）において、データの価値評価を含めた企業結合審査のためのガイドラインの整備を図ることとされ、その際には、過剰規制によりイノベーションを阻害することのないよう留意するものとされた。

そこで、公取委は、2019年12月に企業結合ガイドラインを改定し、デジタル分野における取引や市場の特性を踏まえ、以下の①〜⑤の点について、その基本的な考え方を示した。

以下では、①〜⑤の改定について詳細を説明する。

---

① デジタル分野における市場画定

② 研究開発段階での企業結合

③ デジタルサービスの特徴を踏まえた競争分析

④ データの供給拒否等

⑤ 重要な投入財を保有するスタートアップ企業の買収

イ　①デジタル分野における市場画定

　公取委の行う企業結合審査において、競争制限の有無を判断するにあたり、その企業結合により影響を受ける可能性のある市場の範囲を画定する必要がある。

　市場とは、一定の供給者グループと需要者グループとの間で競争が行われる場のことを指す（法令上の用語では「一定の取引分野」と表現される。）。

市場のイメージ

ある商品のある地域での市場

　検討対象となる市場の範囲は、基本的には、「需要者にとっての代替性」という観点から判断される。需要者にとって代替性のある商品・サービスであれば、同じ市場に属していると考えるのである。必要に応じて、「供給者にとっての代替性」という観点も考慮される。

　需要者にとっての代替性をみるにあたっては、ある地域において、ある事業者が、ある商品を独占して供給しているという仮定の下で、当該独占事業者が、利潤最大化を図る目的で、小幅ではあるが実質的であり、かつ一時的ではない価格引上げをした場合に、当該商品及び地域について、需要者が当該商品の購入を他の商品又は地域に振り替える程度を考慮する（SSNIP基準）。

　他の商品又は地域への振替の程度が小さいために、当該独占事業者

が価格引上げにより利潤を拡大できるような場合には、その範囲を
もって、当該企業結合によって競争上何らかの影響が及び得る範囲と
いうこととなる。

　例えば、ある町のケーキ屋Ａが全ての商品を10パーセント値上げ
した場合に、ケーキ屋Ａで購入していた客が、少し足を伸ばして隣町
のケーキ屋Ｂで購入するようになるのであれば、ケーキ屋Ａとケーキ
屋Ｂは需要者にとって代替性があり、同じ市場に属しているというこ
とができる。

需要の代替性と市場画定

甲地域の供給者の価格上昇→需要者が乙地域の供給者への購入先を切り替えるか否か？

需要者の多くが切り替える→甲地域と乙地域は同一の地理的範囲

価格の引上げ

甲地域の供給者

乙地域の供給者

需要者の多くは切り替えない→甲地域と乙地域は異なる地理的範囲

（出典）公正取引委員会「企業結合審査の考え方について」（平成29年12月6日事務総長定例記
　　　　者会見配布資料）

　以上が従来から示されていた市場画定の基本的な考え方である。こ
の基本的な考え方自体は、デジタル分野の企業結合においても同じで
あるが、改定後の企業結合ガイドラインでは、デジタル取引・市場の
特性を踏まえ、以下の3点について追記されている。

> ⅰ　多面市場の考え方
> ⅱ　品質等の競争の考慮
> ⅲ　デジタルサービスの市場画定

ⅰ　多面市場の考え方

デジタル取引の分野では、いわゆるプラットフォームビジネスが盛んに行われている。そして、デジタルプラットフォームビジネスにおいては、電子的な取引を通じて大量のデータがやり取りされる。

プラットフォームビジネスにおいては、プラットフォーム事業者が取引の「場」を提供し、その「場」を介して複数の異なる需要者グループが存在することが想定される。前記のとおり、市場画定は、主として需要の代替性に着目して行われるので、プラットフォームを介した取引に関しては、需要者グループごとに複数の異なる取引の場（多面市場）が観念され得ることになる。

そこで、企業結合ガイドラインでは、複数の異なる需要者グループが存在する多面市場を形成するプラットフォームの場合について、基本的にそれぞれの需要者層ごとに一定の取引分野を画定した上で、多面市場の特性を踏まえて企業結合が競争に与える影響について判断するとしている。

例えば、プラットフォームが異なる需要者グループの取引を仲介し、間接ネットワーク効果が強く働くような場合には、それぞれの需要者

多面市場のイメージ

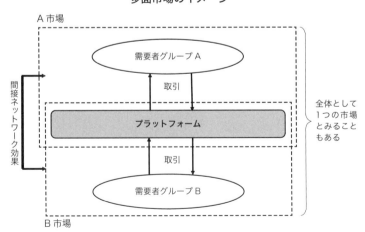

グループを包含した一つの一定の取引分野を重層的に画定される場合もある。

　多面市場の具体例として参考になるのは、企業結合に関する事件ではないが、2018年6月25日の米国の連邦最高裁判決Ohio v. American Expressである（以下「アメックス判決」という。）。

　アメックス判決では、クレジットカード会社の事業は、加盟店と会員という2つの異なる需要者グループを結び付ける一種のプラットフォーム事業であるとして多面的な市場（二面市場）が画定された。

　なお、アメックス判決の事案は、アメリカンエクスプレスが加盟店に対し、会員を他のクレジットカード会社に誘導する行為を禁止する条項を契約に盛り込んだことについて、競争法（シャーマン法1条）違反を理由に連邦司法省や州らが差止請求を求めたというものである。

　連邦司法省側は、クレジットカード会社を供給者、加盟店を需要者とする「1供給者グループ・1需要者グループ」という従来の一面的な市場の画定を主張したものの、裁判所の多数意見は、クレジットカードによる決済取引が加盟店・会員が同じクレジットカードネットワークに属していることを前提とした二面的なプラットフォーム取引であるとして、間接ネットワーク効果を念頭に、加盟店・会員を需要者とする二面的な市場全体を検討対象市場として画定した。

　しかし、アメックス判決には、多くの反対意見も付されており、同判決に対する批判的な見解も少なくないことから、クレジットカード取引をプラットフォーム取引と評価し、そのプラットフォームを介した二面市場全体を1つの市場と画定するという考え方が、実務上確立された見解として広く受容されているとまではいえないと思われる。今後の更なる事例の集積や議論の深化が待たれるところである。

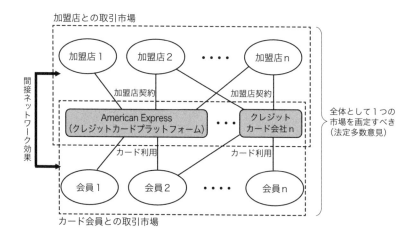

アメックス判決における市場画定

ⅱ 品質等の競争の考慮

　プラットフォームビジネスでは、サービスの対価が無料である（金銭の支払を伴わない）ことが往々にしてあり、無料で大量に集めた個人データをもとに、更なる研究開発や事業拡大が行われている。

　そのため、価格の引上げの仮定により対象市場の範囲を画定する従来のSSNIP基準のみでは、デジタル分野における市場画定の分析ツールとして十分ではない可能性がある。

　そこで、企業結合ガイドラインでは、価格以外に品質等の要素に着目して市場画定を行う場合があること（SSNDQ基準）について新たに言及している。

　すなわち、改定後の企業結合ガイドラインでは、「一部のインターネット付随サービスなどのように、専ら価格ではなく品質等を手段として競争が行われているような場合には、ある地域におけるある商品の品質等が悪化した場合に、又は、ある地域においてある商品の提供を受けるにあたり需要者が負担する費用が上昇した場合に、当該商品及び地域について、需要者が当該商品の購入を他の商品又は地域に振

り替える程度を考慮することがある。」としている。

　つまり、デジタルプラットフォームビジネスにおいては、集積する個人データのプライバシー保護に関する競争をもって品質の競争を観念したり、一般に無料のデジタルサービスとされているものについても、個人データの提供というコストを負っていると考えたりすることができ、その点における競争状況を、公取委の企業結合の審査において考慮に入れる場合があるということである。また、後記のとおり、研究開発やイノベーションに与える影響をもって、競争制限の有無を判断することもあり得る。

iii　デジタルサービスの市場画定

　一般に、市場画定においては、検討対象となる商品（財・サービス）の範囲と地理的範囲を画する必要がある。

　企業結合ガイドラインでは、商品の代替性の程度（商品の範囲）は、当該商品の効用等の同種性の程度と一致することが多く、各地域で供給される商品の代替性（地理的範囲）は、需要者が通常どの範囲の地域の供給者から当該商品を購入することができるかという観点から判断できることが多いとしている。

　そして、デジタルサービスの市場に関し、改定後の企業結合ガイドラインでは、デジタルサービスの特性を踏まえ、商品の範囲を画するにあたっては、利用可能なサービスの種類・機能等の内容面の特徴、音質・画質・通信速度・セキュリティレベル等の品質、使用可能言語・使用可能端末等の利便性などを考慮し、地理的範囲を画するにあたっては、需要者が同一の条件・内容・品質等で供給者からサービスを受けることが可能な範囲や供給者からのサービスが普及している範囲などを考慮するとしている。

デジタルサービスの市場画定の際の考慮要素

商品の範囲	利用可能なサービスの種類・機能等の内容面の特徴、音質・画質・通信速度・セキュリティレベル等の品質、使用可能言語・使用可能端末等の利便性など
地理的範囲	需要者が同一の条件・内容・品質等で供給者からサービスを受けることが可能な範囲や供給者からのサービスが普及している範囲など

ウ　②研究開発段階での企業結合

　デジタルプラットフォームビジネスにおいては、個人データや取引データなどの大量のデータの集積が、競争上重要な意味を持つ。すなわち、個人データ等の事業上有用なデータを活用することにより、研究開発において優位に立ち、より優れた商品の提供やビジネスモデルを確立することができる。また、更に長期的・動態的な視点から、イノベーションのレベルにおいて、データの保有や利活用が競争上重要な意味を持つことも考えられる。

　このような近時のデジタル経済の傾向も踏まえ、企業結合ガイドラインでは、「各当事会社が競合する財・サービスの研究開発を行っている場合には、当該研究開発の実態も踏まえて企業結合が競争に与える影響を判断する。」と新たに明記している。

　例えば、一方当事会社がある財・サービスαを市場に供給しており、他方当事会社がαと競合する財・サービスβの研究開発を行っている場合において、他方当事会社のβが当該市場に供給された後に、一方当事会社のαと競合する程度が高いと見込まれるときには、そうでない場合と比較して、企業結合がなければ実現したであろう一方当事会社のαと他方当事会社のβの間の競争が減少することにより、当該企業結合の競争に及ぼす影響が大きい。

　また、他方当事会社のβが当該市場に供給された後に、一方当事会社のαと競合する程度が高いと見込まれるときには、そうでない場合と比較して、企業結合により他方当事会社の研究開発の意欲が減退す

る可能性も高く、当該企業結合の競争に及ぼす影響が大きい。各当事会社が競合する財・サービスの研究開発を行っている場合も同様に、企業結合による各当事会社の財・サービスの当該市場への供給後の競争の消滅や、研究開発の意欲の減退を踏まえて、企業結合が競争に与える影響を判断することとなる。

　従来も、例えば医薬品について、市場で販売はされていないものの、臨床試験が進み、近い将来の販売の蓋然性が高い研究開発中の新薬を保有する事業者がライバル事業者に買収される局面などにおいて、競争に与える影響について独占禁止法上の必要な審査はされてきたものとみられる（参考となる事例として武田薬品工業㈱によるシャイアー・ピーエルシーの株式取得（平成30年度における主要な企業結合事例・事例3）等）。

　そのため、本項目はデータ関連取引に限った話ではないが、デジタル化が進みデータを活用した多くのアプリケーションが登場しており、研究開発中のアプリケーションが別の事業者に移ることにより市場競争の様相を即時にダイナミックに変化させてしまう可能性もある。そのような影響についても考慮に入れるとの趣旨ではないかと考えられる。

研究開発段階でのM&Aのイメージ

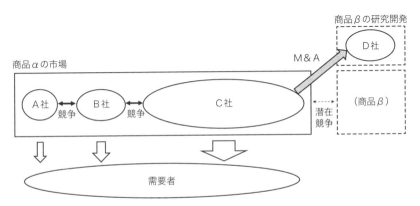

エ　③デジタルサービスの特徴を踏まえた競争分析

　電子的に大量のデータのやり取りを行うデジタルプラットフォームにおける取引には、①前記のとおり複数の異なる市場（多面市場）を検討すべき場合があり、②直接ネットワーク効果や間接ネットワーク効果が強く作用する場合（例えばクレジットカード取引）があり、③特定のプラットフォームへのデータの集中により、プラットフォーム間のスイッチングコスト（切替えに要するコスト）の上昇がみられたり、規模の経済性が顕著に生じたりすることもある。

　そのため、企業結合ガイドラインでは、このようなデジタルサービスの特徴を踏まえて、企業結合による競争制限の有無を判断するとしている。

　なお、企業結合ガイドラインは、直接ネットワーク効果について、「特に、需要者の多くが一つのサービスしか利用しない場合（シングル・ホーミング）には、需要者の多くが複数のサービスを同等に利用する場合（マルチ・ホーミング）と比較して、直接ネットワーク効果が競争に与える影響は大きいと考えられる。」と明記しており、シングル・ホーミングの場合には、特に寡占化・独占化が進みやすいことを念頭に、競争制限の有無について判断がなされると考えられる。

オ　④データの供給拒否等

　企業結合ガイドラインでは、競争上重要なデータを保有する会社を含む垂直的結合（川上市場と川下市場のプレイヤーの結合）について、具体的に競争制限が想定されるケースを挙げている。

　すなわち、データが市場において取引され得る場合に、競争上重要なデータを保有する川上市場の会社（X社）とそのデータを活用してサービス等を提供する会社（Y社）が企業結合を行うことにより、Y社の競争者（Z社ら）に対して、データの供給の拒否又は競争上不利な条件でのデータの供給を行うことにより、川下市場の競争者（Z社

ら）の競争力が減退し、これら競争者が川下市場から退出し、又はこれらの競争者からの牽制力が弱くなる場合がある。また、このような状況では、川下市場の潜在的競争者にとって参入が困難となり、参入のインセンティブが低下する場合がある。

　このように、供給拒否等によって川下市場の閉鎖性・排他性の問題が生じる場合があり、この問題は投入物閉鎖と呼ばれる。改定後の企業結合ガイドラインでは、データ取引についても、投入物閉鎖の危険があり得ることを明確にしている。

投入物閉鎖

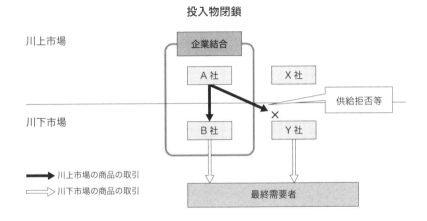

（出典）企業結合ガイドライン

カ　⑤重要な投入財を保有するスタートアップ企業の買収

　データ等の重要な投入財（最終製品・サービスのために必要な財）を保有するスタートアップ事業の買収は、対象市場への参入がそれほど困難ではない場合には、新規参入の可能性を消滅させることにより競争に及ぼす影響が大きいとされる（このような成長の芽を摘む買収はkiller acquisitionとも呼ばれる。）。

　killer acquisitionの代表例としては、2012年のFacebookによるInstagramの買収や、2014年のFacebookによるWhatsAppの買収

が挙げられる。killer acquisitionにより、有力なデジタルプラット
フォーム事業者が、重要なデータを承継し、自らのネットワークやマー
ケットでの地位を強化するとともに、競合事業者の台頭を抑止してし
まうという懸念がある。

　データの競争上の重要性や有力な潜在的競争者となるかの評価にあ
たっては、被買収会社の①保有・収集するデータの種類、②保有する
データ量、収集するデータの範囲、③データ収集の頻度、④保有・収
集するデータと買収会社が提供するサービス等の向上との関連性を考
慮に入れるほか、⑤買収会社の市場における競争者が入手可能なデー
タと比較して、被買収会社が保有・収集するデータがどの程度優位性
があるのかという点についても考慮に入れる。

キ　企業結合手続ガイドラインの改定

　前記(1)のとおり、独占禁止法では、企業結合の事前届出を要する
一定の要件については、国内売上高が基準に一定の要件が定められ
ている。

　しかし、デジタル分野においては、データの保有や収集スキームが
競争上重要な意味を持ち、売上高が少額でも企業結合により市場に与
える影響が大きい場合もあり得ることから、公取委は、企業結合手続
ガイドラインを改定し、新たに以下のような場合について、事前届出
が望まれると明記した。

　買収に係る対価の総額が400億円を超えると見込まれ、かつ、以下
の①から③のいずれかを満たすなど、その企業結合が国内の需要者に
影響を与えると見込まれる場合
①　被買収会社の事業拠点や研究開発拠点等が国内に所在する場合
②　被買収会社が日本語のウェブサイトを開設したり、日本語のパン
　　フレットを用いるなど、国内の需要者を対象に営業活動を行ってい

　る場合

③　被買収会社の国内売上高合計額が１億円を超える場合

　前記のとおり、企業結合手続ガイドラインでは、国内売上高ではなく、新たな基準として買収に係る対価の総額をみるとしている。また、前記①〜③の基準により、我が国の市場に大きな影響を与える可能性がある買収か否かという観点から、届出が望まれる買収案件の範囲を示している。

　これはあくまで届出が望まれる範囲であるため、ガイドラインの①〜③に該当しているものの、法定の届出要件（売上高要件）には該当しない場合であれば、届出をしなくとも届出義務違反にはならない。他方で、企業結合の実行後に、競争の実質的制限に該当すると公取委に判断されれば、排除措置命令の対象になり得ることからすれば、実務的には、今回のガイドラインで示された場合についても、事前届出をすることになるのではないかと考えられる。

3　個々の取引に関する規制（優越的地位の濫用規制）

(1)　総　論

　M&Aの場面以外に、データに関する個別の取引についても、独占禁止法の規制が及ぶ。

　近時、データに関しては、デジタルプラットフォーム事業者が消費者の個人情報などを不当に取得・利用することへの懸念が増大したことを踏まえ、公取委は、個々のデータ取引と独占禁止法の適用に関し、不公正な取引方法（優越的地位の濫用）の観点から、「デジタル・プラットフォーム事業者と個人情報等を提供する消費者との取引における優越的地位の濫用に関する独占禁止法上の考え方」（以下「個人情報優越ガイドライン」という。）を公表した。

　個人情報優越ガイドラインでは、デジタルプラットフォーム事業者

が提供するサービスの対価として、消費者から個人情報等を取得していると理論構成し、個人情報等の不当な取得・利用が優越的地位の濫用に該当する場合があることを明らかにしている。

　従来の優越的地位の濫用規制の適用事例は、BtoBのみであり、BtoCで適用されるか否かは解釈上明らかでなかった。個人情報優越ガイドラインにより、BtoCにも優越的地位の濫用規制が適用されることが明らかにされた。

デジタルプラットフォームと個人データの取引

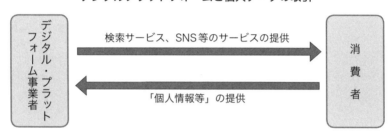

（出典：公取委　個人情報優越ガイドライン公表資料別添）

　ここで「個人情報」とは、個人情報保護法2条1項に規定する「個人情報」のことを指し、「個人情報等」とは、個人情報及び「個人情報以外の個人に関する情報」のことを指す。

　例えば、ウェブサイトの閲覧情報、携帯端末の位置情報等は、一般にはそれ単体では特定の個人を識別することができないため、個人情報保護法上の個人情報とは解されないものの、このガイドラインでいう保護対象の「個人情報等」に含まれることが示唆されている。

個人情報保護法と独占禁止法の適用範囲

個人情報保護法の保護対象

個人情報	等
生存する個人に関する情報であって、次の各号のいずれかに該当するもの ●当該情報に含まれる氏名、生年月日その他の記述等（文書、図画若しくは電磁的記録に記載され、若しくは記録され、又は音声、動作その他の方法を用いて表された一切の事項（個人識別符号を除く））により特定の個人を識別することができるもの（他の情報と容易に照合することができ、それにより特定の個人を識別することができることとなるものを含む） ●個人識別符号が含まれるもの	個人情報以外の個人に関する情報 例：ウェブサイトの閲覧情報、携帯端末の位置情報等

独占禁止法の保護対象

　また、このガイドラインで規制対象となるデジタルプラットフォームとは、「情報通信技術やデータを活用して第三者にオンラインのサービスの場を提供し、そこに異なる複数の利用者層が存在する多面市場を形成し、いわゆる間接ネットワーク効果が働くという特徴を有するもの」と機能的に定義されている。ポイントは複数の利用者層がいるということであって（例：出品者と購買者、サービス提供者と予約者など）、そのような利用者層を持つオンラインの取引の場の提供は、広くこのガイドラインでの規制対象となり得ると解される。

⑵　優越的地位の濫用

ア　規制概要

　優越的地位の濫用（独禁法2条9項5号）とは、①自己の取引上の地位が相手方に優越していることを利用して、②正常な商慣習に照らして不当に、③不当に不利益を課す濫用行為（購入・利用強制、協賛金等の収受、派遣要請、受領拒否、不当な返品、支払遅延、不当な値引き、買いたたきなど）を行うことを指す。

優越的地位の濫用に関する規定（独禁法2条9項5号）

　自己の取引上の地位が相手方に優越していることを利用して、正常な商慣習に照らして不当に、次のいずれかに該当する行為をすること。
　イ　継続して取引する相手方（新たに継続して取引しようとする相手方を含む。ロにおいて同じ。）に対して、当該取引に係る商品又は役務以外の商品又は役務を購入させること。
　ロ　継続して取引する相手方に対して、自己のために金銭、役務その他の経済上の利益を提供させること。
　ハ　取引の相手方からの取引に係る商品の受領を拒み、取引の相手方から取引に係る商品を受領した後当該商品を当該取引の相手方に引き取らせ、取引の相手方に対して取引の対価の支払を遅らせ、若しくはその額を減じ、その他取引の相手方に不利益となるように取引の条件を設定し、若しくは変更し、又は取引を実施すること。

　事業者がどのような条件で取引するかについては、基本的に、取引当事者間の自主的な判断に委ねられるものである。取引当事者間における自由な交渉の結果、いずれか一方の当事者の取引条件が相手方に比べて又は従前に比べて不利となることは、あらゆる取引において当然に起こり得る。

　しかし、自己の取引上の地位が相手方に優越している一方の当事者が、取引の相手方に対し、その地位を利用して、正常な商慣習に照らして不当に不利益を与えることは、当該取引の相手方の自由かつ自主的な判断による取引を阻害するとともに、当該取引の相手方はその競争者との関係において競争上不利となる一方で、行為者はその競争者との関係において競争上有利となるおそれがあるものである。このような行為は、公正な競争を阻害するおそれがあることから、不公正な取引方法の一つである優越的地位の濫用として、独占禁止法により規制される（公取委「優越的地位の濫用に関する独占禁止法上の考え方」）。

イ　各要件の解釈

まず、①自己の取引上の地位が相手方に優越していることを利用してという点について、取引の一方の当事者（甲）が他方の当事者（乙）に対し、取引上の地位が優越しているというためには、市場支配的な地位又はそれに準ずる絶対的に優越した地位である必要はなく、取引の相手方との関係で相対的に優越した地位であれば足りると解される。甲が取引先である乙に対して優越した地位にあるとは、乙にとって甲との取引の継続が困難になることが事業経営上大きな支障を来すため、甲が乙にとって著しく不利益な要請等を行っても、乙がこれを受け入れざるを得ないような場合である。

この判断にあたっては、乙の甲に対する取引依存度、甲の市場における地位、乙にとっての取引先変更の可能性、その他甲と取引することの必要性を示す具体的事実を総合的に考慮する。

そして、優越的地位にある行為者が、相手方に対して不当に不利益を課して取引を行えば、通常、「利用して」行われた行為であると認められる。

次に、②「正常な商慣習に照らして不当に」とは、優越的地位の濫用の有無が、公正な競争秩序の維持・促進の観点から個別の事案ごとに判断されることを示すものである。

ここで、「正常な商慣習」とは、公正な競争秩序の維持・促進の立場から是認されるものをいう。したがって、現に存在する商慣習に合致しているからといって、直ちにその行為が正当化されることにはならない。

どのような場合に公正な競争を阻害するおそれがあると認められるのかについては、問題となる不利益の程度、行為の広がり等を考慮して、個別の事案ごとに判断することになる。例えば、①行為者が多数の取引の相手方に対して組織的に不利益を与える場合、②特定の取引の相手方に対してしか不利益を与えていないときであっても、その不

利益の程度が強い、又はその行為を放置すれば他に波及するおそれがある場合には、公正な競争を阻害するおそれがあると認められやすい。

　③濫用行為には、購入・利用強制、協賛金等の収受、派遣要請、受領拒否、不当な返品、支払遅延、不当な値引き、買いたたきが該当し得る。これに加えて、「その他取引の相手方に不利益となるように取引の条件を設定し、若しくは変更し、又は取引を実施すること」も不当に不利益を課す行為として規定されていることから、相手方にとって不利益となるような取引については、広く該当する可能性がある。

優越的地位の濫用の要件

（出典）公正取引委員会「個人情報優越ガイドライン公表資料別添」

(3)　**個人情報優越ガイドライン**

ア　総　論

　事業者がどのような取引条件で取引するかについては、基本的に、取引当事者間の自主的な判断に委ねられるものであるが、事業者と消費者との取引においては、消費者と事業者との間の情報の質及び量並びに交渉力の格差が存在しており、消費者は事業者との取引において取引条件が一方的に不利になりやすい。

　自己の取引上の地位が取引の相手方である消費者に優越しているデジタルプラットフォーム事業者が、取引の相手方である消費者に対し、その地位を利用して、正常な商慣習に照らして不当に不利益を与える

ことは、当該取引の相手方である消費者の自由かつ自主的な判断による取引を阻害する一方で、デジタルプラットフォーム事業者はその競争者との関係において競争上有利となるおそれがある。このような行為は、公正な競争を阻害するおそれがあることから、不公正な取引方法の一つである優越的地位の濫用として、独占禁止法により規制される。

なお、理論上、本ガイドラインは、優越的地位の濫用規制に関する独占禁止法の解釈を具体化・明確化するものであり、新規のルールを創設するものではないが、従来はBtoCの個人情報等に関する取引に独占禁止法が適用されると一般に考えられていなかったことからすれば、実質的には新規制の創設に等しいといえる。

イ　優越的地位

まず、そもそも優越的地位の有無を検討するにあたり、消費者とデジタルプラットフォーム事業者との間の「取引」をどのように理論構成するかという点が問題になる。つまり、多くの場合、消費者はデジタルプラットフォーム事業者から無料サービス（SNSの利用など）を受けるために個人情報等を登録するが、このような行動が「取引」といえるかということである。

個人情報優越ガイドラインによれば、①消費者がデジタルプラットフォーム事業者に提供する個人情報等は、消費者の属性、行動等、その消費者個人と関係する全ての情報を含み、デジタルプラットフォーム事業者の事業活動に利用されていることから、「経済的価値がある」ということを前提とした上で、②消費者が、デジタルプラットフォーム事業者が提供するサービスを利用する際に、その対価として自己の個人情報等を提供していると認められる場合は、消費者とデジタルプラットフォーム事業者との間に取引関係があると解される。

そして、デジタルプラットフォーム事業者が個人情報等を提供する

消費者に対して優越した地位にあるとは、消費者がデジタルプラットフォーム事業者から不利益な取扱いを受けても、消費者が当該デジタルプラットフォーム事業者の提供するサービスを利用するためにはこれを受け入れざるを得ないような場合（いわゆるロックイン状態の場合）である。

　消費者がデジタルプラットフォーム事業者から不利益な取扱いを受けても、消費者が当該デジタルプラットフォーム事業者の提供するサービスを利用するためにはこれを受け入れざるを得ないような場合であるかの判断にあたっては、消費者にとっての当該デジタルプラットフォーム事業者と取引の必要性を考慮する。

　消費者にとって、①当該サービスと代替可能なサービスを提供するデジタルプラットフォーム事業者が存在しない場合、②代替可能なサービスを提供するデジタルプラットフォーム事業者が存在していたとしても当該サービスの利用をやめることが事実上困難な場合、又は③当該サービスにおいて、当該サービスを提供するデジタルプラットフォーム事業者が、その意思で、ある程度自由に、価格、品質、数量、その他各般の取引条件を左右することができる地位にある場合には、通常、当該サービスを提供するデジタルプラットフォーム事業者は、消費者に対して取引上の地位が優越していると認められる。

　①及び③は、デジタルプラットフォーム事業者が対象サービスに関して市場支配的地位にある場合（①は消費者の需要を代替できる事業者がいないので当該サービスについては独占市場と思われる）、②は、事業者側の囲い込みやスイッチングコストが大きいこと等により、消費者が容易に他のサービスに切り替えられない場合と理解できる。

　①〜③を判断するにあたっては、「一般的な消費者」を基準とするとされており、個々の消費者との間の相対的な優越関係ではなく、一般的な消費者との関係での絶対的な優越関係を検討する趣旨であると思われる。現実的な執行を考えると、個々の消費者との相対的な優越

関係を立証することは極めて煩瑣である。そこで、公取としては、一般的な消費者との関係で当該デジタルプラットフォーム事業者の絶対的な優越性を認定し、優越的地位の要件の充足を判断するということなのであろう。

　個人情報優越ガイドラインにおいて、相対的優越という従来の考え方に縛られず、また市場支配的地位を優越的地位に直接的に結び付けたようにも見えることから、日本の優越的地位の濫用規制が、欧州のような市場支配的地位の濫用規制と類似の規制に変化する片鱗も示されているように思われる。

デジタルプラットフォーム事業者の優越的地位の認定

> 消費者がデジタル・プラットフォーム事業者から不利益な取扱いを受けても，消費者が当該デジタル・プラットフォーム事業者の提供するサービスを利用するためにはこれを受け入れざるを得ないような場合
>
> ➡ デジタル・プラットフォーム事業者が消費者に対して **「優越的地位」** にある

① 代替可能なサービスを提供するデジタル・プラットフォーム事業者が存在しない	② サービスの利用をやめることが事実上困難	③ デジタル・プラットフォーム事業者がその意思で、ある程度自由に、価格、品質、数量、その他各般の取引条件を左右することができる地位にある
代替可能かどうかは，サービスの機能・内容、品質等を考慮して判断。個々の消費者ごとには判断せず、一般的な消費者にとって代替可能かどうかで判断。	サービスの利用をやめることが事実上困難かどうかは、サービスの機能・内容、サービスの利用により形成したネットワークや蓄積したデータが他のサービスでも利用可能かどうか等を考慮して判断。個々の消費者ごとには判断せず、一般的な消費者にとって利用をやめることが事実上困難かどうかで判断。	競争を実質的に制限できる地位にあり、各種の競争圧力を考慮することなく消費者に不利になるように各般の取引条件を変更できる場合。

（出典）公正取引委員会「個人情報優越ガイドライン公表資料別添」

ウ　正常な商慣習に照らして不当に

従来の法解釈と同じく、「正常な商慣習に照らして不当に」という要件は、優越的地位の濫用の有無が、公正な競争秩序の維持・促進の観点から個別の事案ごとに判断されることを示す。

エ　濫用行為

個人情報等に関して、濫用行為と認められる類型には、主として以下のものがある。

---

① 　個人情報等の不当な取得
- ●利用目的を消費者に知らせずに個人情報を取得すること
- ●利用目的の達成に必要な範囲を超えて、消費者の意に反して個人情報を取得すること
- ●個人データの安全管理のために必要かつ適切な措置を講じずに、個人情報を取得すること
- ●自己の提供するサービスを継続して利用する消費者に対して、消費者がサービスを利用するための対価として提供している個人情報等とは別に、個人情報等その他の経済上の利益を提供させること

② 　個人情報等の不当な利用
- ●利用目的の達成に必要な範囲を超えて、消費者の意に反して個人情報を利用すること
- ●個人データの安全管理のために必要かつ適切な措置を講じずに、個人情報を利用すること

なお、個人情報優越ガイドラインが想定する規制は、デジタルプラットフォーム事業者がその優越的地位を利用して、取引の相手方である消費者から不当に個人情報等を取得・利用する場合に適用されるものであるため、デジタルプラットフォーム事業者から個人情報等の提供を受けた第三者についてはこの規制の適用対象とならない。

優越的地位の濫用規制の対象

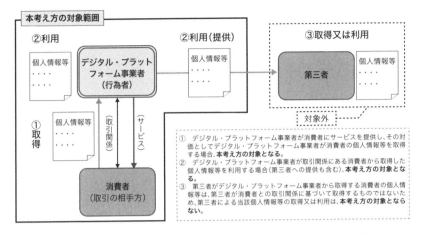

（出典）公正取引委員会「個人情報優越ガイドライン公表資料別添」

⑷　実態調査

2020年4月28日に、公取委は、「デジタル・プラットフォーム事業者の取引慣行等に関する実態調査（デジタル広告分野）」についての中間報告（以下「デジタル広告実態調査中間報告」という。）を公表した。

ア　調査の背景

デジタル広告のうち、検索連動型広告やディスプレイ広告といったいわゆる運用型広告には、検索項目として入力したキーワード（検索クエリ）といった情報から、ソーシャル・ネットワーキング・サービス（SNS）上の個人情報等を含むユーザーデータまで幅広いデータをもとに、各々のユーザーの属性や興味・関心を推測し、各ユーザーにとって関連性の高い内容の広告を表示するものが存在する。このターゲティングメカニズムは、それに用いられるデータの総量に比例してその精度が向上する点で、データ駆動型ビジネスの典型であり、こうした優れたターゲティング能力と無料メディアの集客力が多くの広告主を魅了し、デジタル広告の収益化を可能にしている。

デジタルプラットフォーム事業者には、アクセス数の多い有力なメディアを自ら所有・運営する者もいるほか、ユーザー数の多い SNS を持ち、当該 SNS 上の広告掲載のための仲介事業を全て自ら行う者も存在しており、多面市場における間接ネットワーク効果により、同分野で大きな収益を上げるとともに、我が国の広告ビジネスの構造にも大きな影響を与えているといわれている。

　このため、公取委は、優越的地位の濫用規制も含めた多角的な観点から、①事業者向け広告仲介サービス、及び②検索並びに SNS 及び動画共有サイト等の消費者向けサービスを運営するデジタルプラットフォーム事業者に関して、実態調査を行った。

イ　取引の実態

　デジタル広告実態調査中間報告によれば、デジタル広告の市場規模は年々上昇傾向にあり、2019年の総広告費約7兆円のうちデジタル広告は2兆円超を占める。

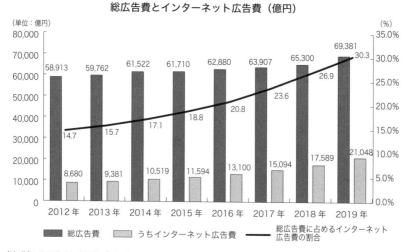

我が国におけるデジタル広告費等の推移

総広告費とインターネット広告費（億円）

（出典）公正取引委員会「デジタル広告実態調査中間報告」

　デジタル広告には、①運用型広告（検索連動型広告、ディスプレイ広告）、②予約型広告、③成果報酬型広告に大別でき、①運用型広告が大きな割合を占めており、増加傾向にある。広告を閲覧するユーザーの関心事項の予測などに合わせて、表示する広告を運用する技術を用いて配信される。詳細は後述するが、この配信のために、膨大なデータを処理するアドテクノロジーを活用したプラットフォームが、広告の最適化を支援している。

　デジタルプラットフォーム事業者は、広告仲介事業者と媒体社を兼ねていることが多いが、近年有力な媒体を有する事業者や有力なアドテクノロジーを持つ事業者を買収する動きもみられる。

デジタル広告の取引の構図

※多くの場合、デジタル・プラットフォーム事業者は独自のメディアを運営し、ユーザーに広告を配信している。

（出典）公正取引委員会「デジタル広告実態調査中間報告」

　検索連動型広告やディスプレイ広告といった運用型広告の取引については、入札により行われる。

　広告主（広告代理店）は、宣伝したい商品やサービスに関連したキーワード、広告をクリックしたときに表示させる URL、表示される広

告文、ターゲットとするユーザー層、キーワードごとの入札価格等を設定する。その後、広告主（広告代理店）が設定したキーワードに合致する検索クエリをユーザーが入力すると、広告枠に関する入札が行われ、広告枠を落札した広告主の広告が表示される。

　ディスプレイ広告の仕組みは、やや複雑である。多くの場合、①ユーザーが、媒体社の運営するウェブサイト等にアクセスを行い、これに伴い広告を配信する媒体社側の機能（媒体社側アドサーバー）を用いて媒体社が広告のリクエストを送信する、②広告主（広告代理店）は、広告を配信する際に、利用する広告仲介サービスにおいて、掲載方式、予算、ターゲット地域、配信スケジュール、配信先のデバイス（端末）、入札戦略、ターゲットとするユーザー層等の広告キャンペーンに必要な要素をあらかじめ設定しておく、③広告仲介サービスは、それらの情報や媒体社のウェブサイトを閲覧しようとしているユーザーに関する情報に基づき、広告枠（及びそれを閲覧するユーザーの属性）と広告主の意向を適切にマッチングさせ、適切なユーザーに適切な広告を配信する。

　このマッチングの仕組みとして、①リアルタイムビッディング（RTB）と呼ばれる入札によって決定されるケース（アドエクスチェンジ（広告枠の取引市場）上か、DSP（デマンドサイドプラットフォーム：広告主の広告出稿の最適化を行う機能）及びSSP（サプライサイドプラットフォーム：媒体社が広告枠の販売の効率化や収益の最大化を図るための機能）間の取引で発生）と、②媒体社の広告枠を一括して管理し、広告主・広告代理店から配信の依頼を受けた広告を、管理している広告枠に配信するケース（アドネットワーク提供事業者が、ネットワークに加盟する媒体社を募った上で、複数の媒体社サイトを広告配信対象としてネットワークを組み、広告の受注を請け負う）等がある。

ディスプレイ広告の取引の構図

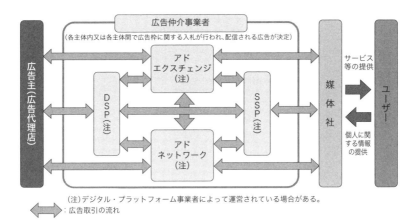

（注）デジタル・プラットフォーム事業者によって運営されている場合がある。
：広告取引の流れ

（出典）公正取引委員会「デジタル広告実態調査中間報告」

ウ　アンケート結果

　実態調査において実施された事業者アンケートでは、例えば、以下のような回答が取り上げられている。

● デジタルプラットフォーム事業者との契約において、契約内容が一律的となっており、自社の意向を踏まえた変更ができないという点を問題と捉えている旨の回答。

● デジタルプラットフォーム事業者が提供するアドテクサービスを利用した際に、そのデジタルプラットフォーム事業者以外の第三者のサービスの利用が禁止されたことを問題と捉えている旨の回答。

● アドサーバーが広告の配信をアドテクサービスにリクエストする際に、特定のデジタルプラットフォーム事業者に優先的に広告のリクエストを行っていると感じたことがあるとの回答。

● デジタルプラットフォーム事業者によってアドフラウド（自動化プログラム（bot）などによって無効なインプレッションやクリックを発生させ、アドバタイザーから不当に広告収入を得る悪質な行為）の対応が十分でないとの回答。

	広告主・広告代理店	広告仲介事業者	媒体社
契約内容	■契約内容が一律的となっており，自社の意向を踏まえた変更ができない。 ■デジタル・プラットフォーム事業者が契約内容を任意に（裁量的に）変更することができる。 ■デジタル・プラットフォーム事業者が提供するサービスを任意に（裁量的に）打ち切ることができる。		
第三者サービス	■デジタル・プラットフォーム事業者が提供するサービス以外の第三者のサービスの利用が禁止された。	■デジタル・プラットフォーム事業者の担当者から，第三者のサービスの利用を禁じるような指示を受けた。	■デジタル・プラットフォーム事業者が提供するサービス以外の第三者のサービスの利用が禁止された。
アドフラウド	■アドフラウドに関する情報開示が十分でない。 ■無効なトラフィックに関連した手数料を払い戻すべきである。		■アドフラウドに関する情報開示が十分でない。

（出典）公正取引委員会「デジタル広告の取引実態に関する中間報告書（概要）」

エ　独占禁止法の観点

　デジタル広告実態調査中間報告によれば、独占禁止法の観点からすると、デジタル広告の取引に関し、①デジタル広告の配信に関わるデジタルプラットフォーム事業者が、当該プラットフォームを利用せざるを得ない事業者に対し、契約内容の一方的変更などによって、不当な不利益を与えていないか、②デジタル広告の配信に関わるデジタルプラットフォーム事業者が、当該事業者と広告仲介事業者としての立場を兼ねる場合に、自らの事業と競合する広告仲介事業者を不当に排除していないか、③デジタル広告の配信に関わるデジタルプラットフォーム事業者が、当該プラットフォームを経由しないデジタル広告の配信を制限するなどして、事業者の事業活動を不当に拘束していないか、④デジタル広告を消費者に発信するにあたり、デジタルプラットフォーム事業者が提供するデジタルプラットフォームにおける個人情報等の不当な取得・利用をしていないかという点が問題になり得る。

オ　デジタル広告市場の競争評価

　なお、政府のデジタル市場競争本部でも、デジタル広告市場の競争評価を行っており、2020年6月16日に、競争評価の中間報告が公表された。本中間報告では、デジタル広告市場に係る課題として、以下の点が挙げられている。

■質に関する課題

①　アドフラウド

②　ブランドセーフティ（ブランド価値を毀損するようなサイト等に広告を掲載されてしまうという問題）

③　ビューアビリティ（配信広告が消費者にとって視認可能な状態とならない場合でも課金されてしまうという問題）

④　ユーザーエクスペリエンス（消費者にとっての煩わしさなどの問題）

■価格や取引条件に関する不透明性の課題

　従来の新聞、テレビ等の媒体での広告とは異なり、デジタル広告市場では、広告枠の発行主体（パブリッシャー）にとって広告取引の全体像が見えなくなり、価格決定がプラットフォーム内で行われ、その仕組みがブラックボックスであることから、手数料を取られすぎているのではないかとの懸念がある。そのため、デジタル広告に関する価格や取引条件の透明性という課題が挙げられている。

■客観的な広告効果の評価の課題

　広告主は、広告の表示回数や視認可能数、クリック回数等（到達指標）のデータをレポートとして受け取り、これを基に料金を請求されるが、このような到達指標のデータの正確性・客観性に疑問を呈する声がある。そのため、到達指標の正確性・客観性を担保するために、第三者に測定させるべきではないかという問題意識がある。

■データ集中の課題

　巨大なデジタルプラットフォーム事業者が、多面的で強固な顧客接点（ショッピングサイト、SNSなど）を持っていることから、多くの広告主やパブリッシャーが、広告効果（ターゲティング精度等）を高めるために巨大なデジタルプラットフォーム事業者に自らのデータを提供する。そうすると、巨大なデジタルプラットフォーム事業者に一層データの集中が進み、他のアドテクノロジー企業がこのような巨大なデジタルプラットフォーム事業者に競争上対抗できなくなり、ますますデジタル広告市場において寡占化やデータの集中が進むのではないかという問題意識がある。

■利益相反の課題

　一部のデジタルプラットフォーム事業者がDSP（デマンドサイドプラットフォーム）と SSP（サプライサイドプラットフォーム）の両方を提供することから、利益相反や自社優遇の可能性が指摘されている。

　また、有力なコンテンツ上での広告枠を保有するデジタルプラットフォーム事業者が、自社以外のアドテクノロジー事業者にその広告枠を取引させないという問題も指摘されている。例えば、Googleは、2016年以降YouTubeの広告枠について自社のDSP以外からの買付を遮断している。

■手続的な公正性の確保の課題

　デジタルプラットフォーム事業者によるアドネットワークに関するシステム変更等の条件変更が一方的であることや、広告結果に重大な影響を及ぼすパラメータが突然変更されることなどについて、手続的な公正性を確保すべきという指摘がある。

■個人に関する情報の取扱いの適正性という課題

　個人に関する情報について、デジタルプラットフォーム事業者等による広告への活用状況が不透明であること（自らのどのようなデータが取得され、どのように利用され、なぜこのような広告が表示されるのかがわからないという不安）や、利用に対する同意のコントロールの実効性の確保が不十分である（既存のプライバシーポリシーの公表・同意という仕組みでは十分に機能していない）という問題が挙げられている。

第3　データ取引に関して独占禁止法に留意すべき点

1　データ利活用とM&Aにおける留意点

　以上のような2つのガイドラインの改定を踏まえると、データの利活用のためにM&Aという手段を採る場合（例えば、ビジネス上有用なデータを保有しているスタートアップ企業を買収して、そのデータの利活用をしようとする場合）、実務的には以下の点に留意すべきといえる。

　まず、実体的な点として、被買収会社が、直接の競合他社でない場合であっても、潜在的な競争関係に立ち得る商品の研究開発を行っている場合や、競争上重要なデータを保有しており、買収によりそのデータが買収会社の競合他社にとって利用困難となったり、被買収会社が将来の競合他社となる可能性を消滅させたりする場合には、そのようなM&A取引は無条件には認められない可能性があることを念頭におくことである。

　公取委が競争を実質的に制限することとなると判断すれば、買収後にも一部のデータは利用してはならないなど、何らかの措置を義務付けられる場合がある。そのため、ディールを実行したにもかかわらず、肝心なデータが入手できず、ビジネス上のメリットがほとんど得られなかったということが起こらないように、M&Aの計画や協議を進めるにあたっては、今般の企業結合ガイドラインの改定の内容や趣旨を

考慮に入れるべきである。

　次に、手続的な点として、国内売上高が小さい会社を買収する場合であっても、買収総額が400億円を超えるなど、企業結合手続ガイドラインで新たに届出が望まれる案件として示されたディールについては、公取委への事前届出を忘れずに行うべきである。

　このようなディールは法定の届出案件ではないため、届出をしなかったからといってそれ自体で直ちに独占禁止法違反となるわけではないが、競争の実質的制限をもたらすような企業結合であれば、公取委から事後的に排除措置命令が行われるリスクがあるため、そのような重大なリスクを払しょくするためにも、事前届出を行うことが望ましい。

2　データ利活用と個々の取引における留意点

(1)　個人情報優越ガイドラインの観点からの留意点

　個人情報優越ガイドラインからすると、オンライン上にプラットフォームを設け、そこで消費者に対するサービスと引き換えに個人情報等を収集する場合には、以下の点に留意すべきである。

---

① 　利用目的を消費者に知らせる

② 　利用目的の達成に必要かつ消費者の意に反しない範囲で個人情報を取得・利用する

③ 　個人データの安全管理のために必要かつ適切な措置を講じる

④ 　追加的に個人情報等を取得する場合には、消費者が受けているサービスにより消費者に生じる利益に照らし、合理的な範囲に限って取得する

　このように、個人情報に関する優越的地位の濫用規制は、個人情報保護法の規制と似通ったところがあるため、個人情報保護法に則った個人情報の取扱いをしていれば、自ずと独占禁止法に違反する蓋然性

は低くなるといえる。

　他方で、独占禁止法の規制内容は、個人情報保護法の規制内容と全く重なっているというわけではなく、消費者の意に反するような個人情報の取得や（前記②参照。なお、要配慮個人情報や不正取得を除けば、個人情報保護法で個人情報の取得自体が禁じられることはない。）、提供されるサービスと不均衡な追加的な個人情報等の取得（前記④参照）を規制していることから、個人情報保護法に対応するのみでは十分ではない。

　個人情報優越ガイドラインでは、消費者の意に反するか否かという点について、消費者が、サービスを利用せざるを得ないことから、利用目的の達成に必要な範囲を超える個人情報の取得にやむを得ず同意した場合には、当該同意は消費者の意に反するものと判断される場合があるとしている。やむを得ず同意したものであるかどうかの判断においては、同意したことにより消費者が受ける不利益の程度等を勘案することとし、その判断にあたっては、個々の消費者ごとに判断するのではなく、一般的な消費者にとって不利益を与えることとなるかどうかで判断される。

　したがって、消費者の意に反しないというためには、単に形式的な同意を取得するだけでは十分ではなく、そのような取得・利用が一般的な消費者にとって不当に不利益を与えるものでないことが必要であると考えられる。

　そのため、プライバシーポリシーの策定・公表やそれに沿った対応のみならず、消費者に与える不利益も考慮に入れて透明性・合理性のある対応が求められているといえる。

⑵ デジタル広告の取引に関する留意点

デジタル広告実態調査中間報告からすると、オンライン上に有力な
プラットフォームを設け、デジタル広告の取引・配信を行う場合には、
例えば以下の点に留意すべきである。

---

① 自らのプラットフォームを利用せざるを得ない事業者に対し、契
約内容の一方的変更などによって、不当な不利益を与えない
② 広告の配信だけでなく、広告仲介事業者としての立場を兼ねる場
合に、競合する広告仲介事業者を不当に排除しない
③ 自らのプラットフォームを経由しないデジタル広告の配信を制限
するなどして、他の事業者の事業活動を不当に拘束しない

第4　具体的に独占禁止法上の規制がなされるケース

優越的地位の濫用規制からすると、個人情報等の取扱いについて、
以下のようなケースで、独占禁止法違反が認定されると想定される。

ケース1

デジタルプラットフォーム事業者A社が、ウェブサイトの閲覧情報、
携帯端末の位置情報等について、個人を識別して利用する目的で取得
した。A社は、そのような利用目的を利用者に知らせていなかった。

ケース1は、利用目的を消費者に知らせずに個人情報等を取得した
と認定され、優越的地位の濫用に該当する可能性がある。例えば、クッ
キーやピクセルタグ等の技術により、個人を識別してトラッキングを
行い、その情報を利用する場合には、利用目的を消費者に知らせるべ
きである。

利用目的を適切に知らせるためには、一般的な消費者が容易にアク
セスできる場所にわかりやすい方式で、明確かつ平易な言葉を用いて、

簡潔に、一般的な消費者が容易に理解できるように利用目的を説明すべきである。

> ### ケース2
> デジタルプラットフォーム事業者B社が、提供するサービスを継続して利用する消費者から、サービスの追加はないにもかかわらず、追加的に個人情報等を取得した。

　自己の提供するサービスを継続して利用する消費者に対して、消費者がサービスを利用するための対価として提供している個人情報等とは別に、個人情報等その他の経済上の利益を提供させたと認定され、優越的地位の濫用に該当する可能性がある。

　なお、①任意のアンケート調査等により取得する場合や、②サービスの品質の向上など、追加的な個人情報等を提供することで消費者に生じる利益を勘案して、当該個人情報等を提供させることが合理的であると認められる場合には、通常問題とはならない。

> ### ケース3
> デジタルプラットフォーム事業者C社が、利用目的を「商品の販売」と示して取得した個人情報を、消費者の同意を得ることなくターゲティング広告に利用した。

　利用目的の達成に必要な範囲を超えて、消費者の意に反して個人情報を利用したと認定され、優越的地位の濫用に該当する可能性がある。

　「商品の販売」を利用目的とする場合に、消費者の氏名や、氏名と紐付いて取得されるメールアドレス、決済情報等といった利用目的の達成に必要な個人情報を取得することは、通常、問題とならない。また、氏名と紐付いて取得される消費者の性別や職業等といった利用目

的の達成に必要な範囲を超える個人情報であっても、消費者本人の明示的な同意を得て取得する場合は、通常、問題とならない。

> ### ケース4
> デジタルプラットフォーム事業者D社が、サービスを利用する消費者から取得した個人情報を、消費者の同意を得ることなく第三者に提供した。

　利用目的の達成に必要な範囲を超えて、消費者の意に反して個人情報を利用したと認定され、優越的地位の濫用に該当する可能性がある。

　なお、同一社内であれば、提供された個人情報を、消費者の同意なく、ある部門から別の部門に提供しても、問題とならない。

コラム

中小事業者による独占禁止法の戦略的活用

　2020年2月28日、公取委が、デジタルプラットフォーム事業者である楽天に対し、独占禁止法に基づく緊急停止命令を東京地裁に申し立てた。これは、楽天が出店者に対し、原則として1回の合計の注文金額が3,980円（税込）以上の注文について「送料無料」と表示させる施策を強制的に実施しようとしたため、公取委が、優越的地位の濫用に違反する疑いがあるとして、そのような行為の緊急停止を求めたものであった。公取委による緊急停止命令の申立ては、10数年ぶりであり、異例の出来事として大きく報道された。

　最終的に、楽天が軌道修正し、施策の受諾を各出店者の選択に委ねることとしたため、公取委は、同年3月10日、緊急性が失われたことを理由に緊急停止命令の申立てを取り下げた。

　このように、楽天は、送料無料の施策の強制実施自体は踏みとどまったわけであるが、このようなスピーディな展開に関しては、楽天の施策に納得しない出店者らの積極的な活動が奏功した面もあるように推察される。報道によると、楽天市場に出店する事業者の任意団体（楽天ユニオン）が、緊急停止命令を裁判所に求める声明などを出していた。

　強力な事業者（デジタルプラットフォーム事業者）と従属する中小事業者の関係において、独占禁止法は中小事業者を保護するような働きをする（もちろん、独占禁止法は中小事業者保護を目的とする法律ではないので、そのような働きは副次的な効果である。）。

　中小事業者は、強大な事業者に対する自衛策として、独占禁止法や公取委への申告（タレコミ）を積極的に活用することも一案である。

第7章

海外の状況

1 オンラインビジネスと海外の法規制

　インターネットという社会的インフラが普及・高度化したこと、そして、消費者の意識としても、実物を見ることなくオンラインで取引を完結させることにつき抵抗感が薄れていったことに伴って、実店舗を持たないオンラインビジネスもかなり一般的になってきた。実店舗が不要となれば、クレジットカード等の決済手段の充実や輸送網の発達という助力を得、もはやビジネスの地理的範囲を一定の地域に限定する必要もなくなる。このように、近年では国境をまたいだ海外の顧客に対して、幅広く、そして低コストで事業を展開することも容易となった。

　また、多様なSNSの出現により消費者がオンラインで過ごす時間（つまりオンラインで消費するコンテンツの量）の増加や、ユーザーの志向等に対応したターゲティング広告に代表されるアド・テクノロジーの発達によって、サービスとしての（つまり、無償での）情報提供やエンターテインメントと、ターゲティング広告に用いられる個人情報の交換という、これまで必ずしも見られなかった情報の流れや、これを前提としたビジネスもみられるようになった。それどころか、今や一大産業となっている。

　このような時代の経過に伴い、ビジネスの地理的範囲を海外にまで広げようとした際、海外の法規制についてきちんと把握し、これに違反してしまわぬよう必要な手当を講じておくべきことは当然に重要になる。しかしながら、日本における規制については日本語ないし日本メディアによる報道、ガイダンスや解説書が比較的手に入りやすいのと異なり、海外における規制の内容や、その議論の状況については、必ずしも広く認識されているわけではないと思われる。

　したがって、海外で議論されているオンラインビジネスないしこれ

に伴う個人情報やその他のデータの利活用について、規制の全体像を
概観しておくことは、海外への事業展開を視野に入れるにあたり、有
益であると考えられる。

　なお、いわゆるGAFAに代表される巨大なデジタルプラットフォー
ム事業者をもっぱら対象として議論がなされることが多い法規制につ
いても、これら規制を正当化する要素や、その背景にある議論は、か
ならずしもこれにあてはまらない中小規模のオンラインビジネスにも
妥当し得るものと思われる。そのため、競争法のような、必ずしもオ
ンラインビジネスに広く一般的に妥当するともかぎらない規制につい
ても、少なくとも今後の法規制の方向性を考える上で、概観しておく
価値はあるものと思われる。

2　本章の目的

　本章では、以上のような問題意識を前提に、個人情報やその他のデー
タを取り扱うオンラインビジネスを展開するにあたって関係してくる
海外、特に欧米の法規制について紹介する。

　もっとも、紙面の都合上、そして筆者の能力の限界上、オンライン
ビジネスを海外で展開するにあたって検討すべき事項や、各法規制の
内容を、網羅的に解説することは行わない。日々新たな法規制が現れ、
執行方針について各国当局から様々なコメントが出されている中で、
これらを網羅しきることは不可能とも思われる。

　むしろ、海外での議論の状況や規制の方向性について、ごく大ざっ
ぱに概観し、実際に海外でオンラインビジネスを展開するにあたって、
問題になりそうな点をより深く調査・検討するための端緒のようなも
のを摑む一助となれば幸いである。

　海外においても、これまで日本について見てきたのと同様、様々な観点からオンラインビジネスを対象とした規制がなされている。

　第一は情報法の観点である。日本における個人情報保護法のように、ユーザーの個人情報ないしプライバシー保護の観点から、このような情報を取り扱う点をもって規制の対象とされている。欧州においては、後述するようにプライバシー権は人権の一部であるとの意識が高いこともあってか、比較的厳格な規制が設けられており、特に欧州一般データ保護規則（General Data Protection Regulation、GDPR）が有名である。その他、特にオンラインでの通信に特化した規制（e-Privacy Directive）も設けられ、指令レベルから規則レベルへの改正（e-Privacy Regulation）に向けて作業が進められている。

　他方、米国においては、欧州ほどプライバシー権の尊重に向けた意識が顕著ではないといわれていることもあってか、GDPRのような包括的・一般的な連邦法レベルの規則は存在してこなかった。個人情報の取扱いに関する連邦法レベルのルールも全くないわけではないが、どちらかというと、未成年者の個人情報の取得に関するChildren's Online Privacy Protection Act（COPPA）のように、特定のカテゴリに属する者の個人情報取扱いを規制する、あるいは特定業界の事業者を対象としてその個人情報の取扱いを規制することを通じて、消費者保護を図ることが行われている。もっとも、州法レベルでは一般的な個人情報保護法制が制定されており、GDPRに遜色ない程度の保護を謳うカリフォルニア州法（California Consumer Privacy Act、CCPA）が注目されている上、連邦法（Consumer Data Privacy and Security Act of 2020、CDPSA）の制定についても議論されている。

　第二は競争法の観点である。既に紹介したとおり、オンライン（特にプラットフォーム）ビジネスは直接・間接ネットワーク効果が働く

ことや、限界費用がゼロであり事業拡大が容易であること等から、特定の事業者が一気に市場におけるシェアを拡大し、市場の集中を招き、競争上の懸念を生じさせやすい。このような状態を防ぐべく、競争法の観点から規制がなされる、あるいは規制すべきであると盛んに議論されている。

この点欧州では、特に上述したGAFAに代表される巨大プラットフォーム事業者に対して盛んに競争法の執行が行われ、中には非常に巨額な制裁金が課され耳目を集めることが少なくない。

他方、米国では、これまで必ずしもこういった巨大プラットフォーム事業者に対する競争法の執行は、少なくとも欧州ほど大規模には行われてこなかった。もっとも、近年、そのような姿勢に対する批判を受けてか、司法省、連邦経済取引局あるいは各州司法長官により、これら事業者に対する調査が開始され、提訴されるのではないかとの報道もなされている。そんな中、2020年10月、ついに司法省がGoogleに対する提訴に踏み切ったと報じられるに至った。また、次期大統領候補者の中には、このような巨大プラットフォーム事業者の分割論を声高に主張する者もおり、今後の動向が注目される。

また、欧州も米国も共通して、日本の競争法制と微妙に異なる部分もあり（特に日本における優越的地位の濫用に代表される搾取型行為の規制）、日本と欧米との間で、取り上げられている事件類型に若干の相違が見られる。もっとも、企業結合規制に関しては、企業結合の当事者となる企業の市場における売上高だけでは必ずしも将来市場に及ぼす競争上の影響を正しく評価できない可能性がある点については認識が一致しており、いずれの当局も、当事者企業が保有するデータや企業結合が将来のイノベーションに与える影響等について加味するという方向性については一致しているように思われる。

なお、後に紹介するとおり、競争法違反の判断にあたって情報法規制の遵守を要素として考慮する事例が現れているように、必ずしも情

報法の観点からの規制と完全に棲み分けられていないとの評価も成り立ち得る。

さらに、第三の観点として、特にデジタルプラットフォームに関してではあるが、その社会的な影響力の大きさや、人々の生活に深く根ざしていることに鑑み、その機能に着目した規制をすべきであると議論がなされる。特に欧州で議論がされることが多く、包括的なルールを設けようと、デジタルサービス法（Digital Services Act、DSA）の制定が目指されている。オンライン（プラットフォーム）ビジネスの包括的ルールを制定することで、（GDPR制定によりデータの分野では一定程度成功を収めたように）規制のイニシアティヴを執る狙いも透けて見える。

以下では、それぞれの観点から設けられた、あるいは設けられつつある、代表的な規制について概観することとしたい。

第2　情報法の観点

1　欧州と米国におけるプライバシーの位置付け

個人データの取扱いに関する規制は、プライバシーの保護を主眼としているといってよい。プライバシーの内実をどのように捉えるのかについては様々な議論があり、見解の一致を見てはいないが、少なくとも主要先進国において、程度・内容の差こそあれ、個々人のプライバシーが法的保護に値するものであるとの認識自体は一致しているものと思われる。もっとも、その法的な位置付けについては若干の差異があるように見られる。

(1)　欧州における位置付け

この点、欧州においては、欧州人権条約（European Convention on Human Rights、1953年発行）の8条において、個人の私生活と家族の

尊重を受ける権利（Right to respect for private and family life）が規定されており、これがプライバシー保護の礎になっていると見ることもできる。

そしてこれは、後に発行した欧州連合基本権憲章（Charter of Fundamental Rights of the European Union、2000年発行）8条1項において、より具体的に、何人も自己に関する個人データについて保護を受ける権利を有する旨の規定が設けられるに至った。欧州連合の機能に関して定める欧州連合機能条約（Treaty on the Functioning of the European Union 、TFEU）の16条1項にも同様の規定がある。

そして、後に紹介するGDPRの前文1項でも、これら各条約の規定を引用した上、個人データの取扱いに関連して保護を受ける基本的な権利を有する旨が謳われている。

このように、欧州においては、他国の憲法に相当するような基本的な条約や、重要な規則において、文言上、プライバシーないし個人データの保護の重要性を正面から認めている。

⑵　米国における位置付け

他方、「プライバシー」の概念は、米国で1890年に著名な最高裁判事ルイス・ブランダイスにより生み出されたとされ、いわば米国は「プライバシー発祥の地」ともいい得るが、合衆国憲法の権利章典上、これを明文で正面から認める規定はない。

もともとプライバシーの概念の提唱は、当時横行していた過剰な扇情的な新聞記事等による著名人の私生活上の利益の侵害（往々にして発行部数の増加を狙ってなされ、イエロージャーナリズムと呼ばれる）を問題としてなされたものであった。その後、そこから派生して個人の「情報」を保護する理論としてプライバシーが用いられることとなった（情報プライバシー権）。

そして最高裁判例上、1977年のWhalen v. Roe事件判決において、

情報プライバシー権について判断がなされた。Whalen事件の舞台はニューヨーク州であり、当時、同州の州法上、医師が特定の医薬品を処方する際は、処方した医師、処方内容や患者の情報等といった一定の情報を州に提供し、州で一定期間保管されることとされていた。患者団体や複数の医師より、このような州法が合衆国憲法第14修正に違反すると主張がされた。具体的には「いかなる州も法も適正手続なしに個人の生命、自由、財産を奪ってはならない」という、いわゆる適正手続条項（デュープロセス条項）がその根拠とされた。

　判決において、プライバシーの内容につき、当時また議論されていたいわゆる自己決定権とは区別されたものとして、自己の情報を開示されない権利があることを認めるに至った。

　もっとも、一般論としてはこのようにプライバシー権を認めてはいるものの、その侵害の判断にあたっては厳しい態度が取られているとも言われ、本件でも結論としてプライバシー権の侵害は認められなかった。

⑶　日本における位置付け

　ちなみに、この点日本法のもとでは、憲法上、プライバシーとの語は用いられておらず、もっぱら13条の幸福追求権の一内容として認められるかが議論されている。そして、一連の最高裁判例は、「プライバシー」との語こそ用いないものの、実質的にはプライバシーを法的保護に値する権利であると認めていると評価されている。また、日本の個人情報保護法の目的を定める1条では、「個人の権利利益を保護することを目的とする」とのみされており、やはり「プライバシー」の語には言及はない。もっとも、ここで「権利利益」として念頭に置かれているのはプライバシーであることには異論はないであろう。

2 欧州における規制の状況

⑴ GDPR

以上で概観したプライバシーの位置付けに照らし、欧州では米国に比較して個人情報の保護について手厚い規制が設けられている。

これまでは1995年に施行された一般データ保護指令（General Data Protection Directive）が包括的なルールを定めていた。もっとも、指令（Directive）はそれ自体直接的に企業ないし個人に適用されるものではなく、その内容に沿って各加盟国が独自に内国法を制定することをもって指令の目的を達成することが想定されていた。そのため、このEU一般データ保護指令に基づき制定された各加盟国の法律等に基づいて、そして各加盟国に設けられたそれぞれの監督当局のもとに、個人情報の保護が図られていた。

その後、個人データの利用の広がりや、欧州国境を越えたデータ移転がより容易かつ頻繁に行われるようになったことから、2018年、指令（Directive）のレベルから、直接に加盟国の企業ないし個人に適用される規則（Regulation）のレベルに引き上げられ、全加盟国で共通のルールが設けられることとなった。また、規制の範囲も大幅に拡大し、個々人に付与された権利内容も拡充が図られるとともに、違反した際の高額な制裁金も規定されるに至った。もっとも、このように全加盟国で共通のルールが設けられるに至ったものの、その違反等の際の執行にあたっては、指令時代に各加盟国に設けられた監督当局に引き続き委ねられることとなった。これら各加盟国の監督当局は独立した機関としてその職務にあたるが、GDPR下で設立された欧州データ保護会議（European Data Protection Board、EDPB）が各当局間の調整にあたることとされた。

具体的な規制としては、個人データを取得するにあたって、一定の情報（取得期間、理由、提供先の情報等）を通知した上、取扱いについて同意を得る必要がある。さらに、取得した個人データを欧州域外に

移転するにあたっては、移転元と移転先との間にデータ保護に関する契約が締結されている、あるいはデータ主体による同意が得られている等、一定の要件を満たす必要がある。その他、データ主体に個人データの訂正権やアクセス権等が認められている上、個人データを用いてプロファイリングを行うにあたっての通知やプロファイリング過程の（人間による）検証を義務付けるとともに、異議申立ての機会の提供も求められている。また、欧州域内の個人データを取り扱うものの欧州域内に拠点を持たない事業者は、一定の場合、域内に代理人を置き、当局対応等に当たらせる必要がある。データ流出等が生じた際は72時間以内に監督当局に報告することも義務付けられている。

　なお、上述のとおり、データ主体の同意が得られた場合には、個人データの欧州域外への移転が許容される。日本においても個人情報を第三者に提供するにあたって同意があれば足りるとされているのと同様である。しかし、日本の個人情報保護法におけるのとは異なり、同意の要件が非常に厳格に捉えられている点には留意が必要である（ちなみに、かかる同意取得の考え方については2020年5月にEDPBよりガイドラインが出されているところであり、その時々の最新の指針に準拠する必要がある。）。したがって、データ主体の同意のみに依拠した設計を行うのは、ある意味で危険でもあり、常に他の根拠（典型的には移転元・移転先でのデータ保護に関する契約の締結が考えられる。なお、契約で規定すべき条項の考え方についても注意する必要がある。）に基づいて処理ないし移転がされるような設計とすべきである。

　このようなGDPRについて特に着目すべきは、欧州域内のデータを取り扱う以上、そのビジネスの拠点が欧州域内になかったとしても適用され得る点である。欧州に拠点を持たないとしても、オンラインビジネスにおいてこのような情報を扱う可能性がある以上、その規制内容には目配せをしておく必要がある。

　以上、欧州域内のデータを取り扱う可能性が生じた際に、どのよう

なことを検討する必要があるのかの糸口となるよう、GDPRの重要な点についてごく簡潔に概説したが、紙幅の都合上、本書ではこれ以上の詳細を取り扱うことはしない。既にGDPRの詳細な解説書や実務上の対応についての素晴らしい書籍が多数存在しているため、適宜参照されたい。

⑵ ePD及びePR

この他に着目しておくべき法規制として、e-Privacy指令（e-Privacy Directive、ePD）がある。e-Privacy指令は、個人情報の取扱いのうち、特にオンラインでの文脈に係るものに焦点をあてた規制である。

とはいえ、GDPRが個人情報に関する包括的な規制であるとはいっても、情報化が進んだ昨今の状況に鑑みれば、GDPRが規制の対象とする個人データの処理及び移転のかなりの部分はオンラインで行われるものであるから、GDPRとe-Privacy指令とはその規制対象に多少の重複が見られることとなり、両規制の役割分担等について議論がなされてきた。

現在、e-Privacy指令は、GDPRが2016年に指令から規則に格上げされたのと同様に、規則（Regulation）化することが検討されている。e-Privacy規則（e-Privacy Regulation、ePR）の制定にあたって、加盟国の企業ないし個人に直接適用になるというだけではなく、インターネットを利用したサービスが多様化し、個人情報の処理態様についても様々なものが技術的に可能になってきたことから、時勢に合わせた適切な規制を設ける観点から、規制内容にも大きな変更があることが予想されている。

特に影響が大きいと言われているものが、Cookieに対する規制である。

従前のe-Privacy指令においては、Cookieの取得にあたってユーザーからの同意を得る必要があったが、多くの場合は規制の例外（通

信の伝達のためのみに用いる場合、またはユーザーに求められたサービス提供のために必要な場合）に該当するため、必ずしも厳格な規制とはなっていなかった。ただし、例外に該当しない場合に要求される「同意」は、GDPRの制定（EU一般データ保護指令からの格上げ）により上記のように厳格に判断されることとなり、先述したEDPBからの同意に関するガイドラインの制定もあいまって、保守的にとりあえず何でもかんでもCookieの取得等に関して同意を求めるボタンが表示されクリックを求められるようになり、ユーザーとしては「同意疲れ」が生じることとなった（ちなみに、Cookie取得に同意を与えない限り、ウェブサイトを閲覧させないような仕様が横行しており、「Cookieウォール」と呼ばれるが、EDPBのガイドラインは、このようなCookieウォールによって得られた同意の有効性に疑義を与えている）。

　このような状況を考慮して、e-Privacy規則においては、よりシンプルな制度とすること、一定のCookie（特にプライバシーへの侵襲が少ないもの）については同意なく取得してよいことを明文で定めることが検討されている。他方、そうではないものについてはより厳格な規制となることが想定されている。

　現在のところ、e-Privacy規則の制定の具体的な目処は立っていないようである。もっとも、その制定を待たずして、既に一部のプラットフォーム事業者には、特に問題が大きいとされるサードパーティCookieの受け入れを拒否すると声明を出しているところもある。

　なお、e-Privacy規則においては、Cookieに関する規制のほか、日本における通信の秘密のように、（電話会社のような）伝統的な通信事業者に対しては特別の規制が設けられていたところ、WhatsApp、Facebook MessengerやSkypeなど、必ずしも伝統的な通信事業者にはあたらない事業者に対しても、その社会に占める役割の重要性に鑑みて、特別の規定を設けることが検討されている。また、横行している広告メール（SPAM）に対しても一定の規制を設けることが検討されている。

3 米国における規制の状況

(1) これまでの状況──消費者保護の観点からの規制

　上述のとおり、米国においては、以上で欧州に関して概観したような包括的な個人情報の取扱いに関するルールは存在しなかった。

　連邦法として制定されたプライバシー法（Privacy Act of 1974）が存在するものの、連邦政府による個人情報の取扱いに関するものであって、これによる民間への規制は意図されていなかった。

　民間による個人情報の取扱いは、もっぱら、通信、金融、医療といった業界ごとのルールであったり、児童からの個人情報の取得に特化した規制等に委ねられていた。これらを統一的に監督する執行当局も存在せず、強いて言えば、連邦取引局（Federal Trade Commission、FTC）が主として消費者保護の観点から、場合によって事業者による個人情報の取扱いに関して調査を行うということがなされていた。

　これらのうち、特に留意を要すると思われるものが、Children's Online Privacy Protection Act（COPPA）である。詳細には立ち入らないが、COPPAは、13歳未満の児童を対象とするウェブサイトやオンラインサービスにおいて、児童の個人情報を収集、利用、開示するにあたり、児童の保護者に対して通知をし、保護者の同意を取得することを義務付ける。COPPA違反に対する執行も、監督当局であるFTCにより行われているところであり、ソーシャルビデオアプリTikTokが保護者からの同意取得義務に違反したことにつき570万ドルもの高額な罰金の支払を内容とする和解がなされたとの報道が注目を集めている。

　また、これはCOPPA違反の例ではないが、ケンブリッジ・アナリティカ社がFacebookのユーザーから8,700万人分のデータを収集していたことが判明したことを契機として、FTCとの間で50億ドルの制裁金の支払について和解に至ったとの報道は記憶に新しい。FTCは、Facebookに対して、第三者（アプリケーション開発者）とユーザー

の個人データを共有するにあたっては、事前にユーザーから明確な同意を得るよう行政命令を発していた。しかしながら、Facebookは、第三者がアクセス可能なユーザーの個人情報の範囲についてユーザーに正しい情報を提供しておらず、この点が特に問題視された。

(2)　個別州法による対応

　以上のとおり、米国においては連邦法レベルでは個人情報の取扱いに関する包括的なルールは存在しないが、州レベルでは、このような規制の取組がなされている。

　このような取組を行っている州のうち代表的なものはカリフォルニア州である。カリフォルニア州では2020年1年よりCalifornia Consumer Privacy Act（CCPA）が施行され、その運用に注目が集められている。

　CCPAでは、上述のGDPRと同様に、自身の個人情報について、その取扱いの状況を知る権利、その削除を求める消費者の権利等が規定されている。

　適用の対象となる「事業者」は、カリフォルニア州で事業を行っている法人等であり、かつ、①年間収益が2,500万ドルを超える、②年間5万件以上の消費者、世帯もしくはデバイスの個人情報を取得、販売または共有する、又は、③個人情報の販売から年間収益の50%以上を得ていることのいずれかの要件を満たすものとされている。このうち「カリフォルニア州で事業を行っている」ことの意義について、CCPA上には明確な定めが設けられていないものの、カリフォルニア州外の法人等であっても、カリフォルニア州の個人情報を販売等している場合には、CCPAが適用される可能性がある。

　GDPRとの特徴的な違いとして、CCPAは個人情報の販売にフォーカスを当てた規制を行う点が挙げられる。CCPA上、消費者には、個人情報の販売を拒否する権利（オプトアウト）が認められている。なお、

子供の個人情報については積極的な授権（オプトイン）がないと販売が許されない。

また、CCPAはCookie規制という側面でも注目されている。CCPAは前述のe-Privacy指令ないし規則とは異なり、必ずしもCookie規制を主眼としたものではない。もっとも、Cookieも「インターネット又はその他の電子的なネットワーク活動の情報」等として、CCPAで規制対象となる個人情報の範囲に含まれるものと解される。そして、CCPAでは、あるCookieが特定の個人に結びつけられない形であっても、個人情報として規制され得る点には留意が必要である。

合理的なセキュリティを設けていなかったことにより個人情報が不正アクセスを受け流出する等した場合、カリフォルニア州司法長官によって民事制裁金が科される可能性がある（1件あたり上限2,500ドル。ただし故意による場合は7,500ドル）ことに加え、消費者による提訴も認められており、1件・1名あたり100ドルから750ドル以下の法定金額又は実損額の損害賠償の請求が認められている。

⑶　連邦法の制定

以上で概観した個別州の個人情報保護法制とは別に、連邦法レベルの規制を設けることが検討されている。2020年3月に、Consumer Data Privacy and Security Act of 2020（CDPSA）の法案が提出され、現在審議されている。

法案段階のものではあるが、GDPRやCCPAと比べて特徴的といえるのが、中小企業に対して比較的寛容な姿勢を示していることがある。GDPRのような厳格な規制を、欧州域内のデータを取り扱う中小企業者において、どこまで現実的に遵守できるか（そして違反があった際にどこまで現実的に執行がされ得るのか）必ずしも明らかではないとの批判があった。そこで、CDPSAにおいては、従業員の人数が一定数（現法案では500名）に満たない事業者は適用対象外とされている。その他、

売上額やデータ処理件数等からも適用対象を絞っている。

CDPSAのもとでは、個人データの収集ないし処理にあたっては、一定の目的に従う場合（GDPRと同様、契約関係に基づく場合など）のほか、当該個人から同意を取得する必要がある。この同意について、CDPSAは黙示の同意と明示の同意とに分け、機密性の高い個人データの収集・処理にあたっては明示の同意が必要としたうえ、明示の同意と認められるための要件を規定する。

また、プライバシーポリシーの周知方法についても規制があり、以前のバージョンの公開や、重要な変更の際の通知等が求められている。

違反があった場合、監督官庁であるFTC又は司法長官により制裁金が科される可能性がある。制裁金の上限は、違反により影響を受けた人数に、最大42,530ドルをかけた金額とされている。他方、私人によるCDPSAに基づく提訴は認められていない。

このような連邦法が制定された背景には、CCPAのように州が独自に個人情報保護法制の整備を始めたことが挙げられよう。このまま各州が独自の個人情報保護規制を乱立し、かつ、相互間の整合性がとれない事態となると、米国全体の通商にも影響を及ぼしかねない。このような事態を懸念した民間企業や業界団体の声もCDPSAの制定への後押しとなっているとも指摘されるところである。

第3 競争法の観点

1 はじめに

各国の競争法では様々な違反類型があるが、その全てについて体系的・網羅的に解説することは不可能であるので、ここでは、オンラインビジネスにおけるデータ利用との関係で取り上げられてきたもの、あるいは現在議論が行われているものに限って概説することとしたい。

2　水平行為規制—アルゴリズムを用いた価格カルテル

　水平行為規制、つまりカルテルに代表される競争者間の協調行為に対する規制との関係では、アルゴリズムを用いた価格カルテルという問題を紹介したい。

　価格決定の要因となるデータが広く入手可能となったこと、これを処理する技術が発展してきたことに伴い、価格決定にあたってアルゴリズムを用いる例が増えてきている。自動車配車プラットフォームUberなどのように、需要と供給の状況をリアルタイムに反映した価格をアプリ上で提示するダイナミックプライシングなどに代表される。

　アルゴリズムを用いた価格決定は、もともとは金融の分野で利用されることが多かったと思われるが、最近では、航空会社、ホテルのほか、eコマース事業者にも利用されているといわれ、生活にも浸透し身近なものになってきているともいえよう。消費者の行動に関する様々なデータが入手可能となったことで、収益を最大化する販売価格の設定を瞬時に可能とするアルゴリズムによる価格設定は、事業者にとって魅力的なものに映るであろう。消費者の立場からしても、競争の状況を反映した適切な価格を享受できるというメリットがあるとも評価し得る（ダイナミックプライシングの例を取れば、需要のない時期は安価に購入することができる。逆もまた然りではあるが）。

　このようなアルゴリズムを用いた価格設定が、価格カルテルに用いられることが懸念され、各国でその対策について盛んに議論がなされている。

　一般に、規制対象となる協調行為が成立するためには、原則として、競争者間で何らかの明示・黙示の「合意」が成立していなければならないと解されている。市場から各競争者の価格情報の入手が可能な場合において、他の競争者が自身の値上げに追随することに期待して価格を設定（値上げ）した場合、当該他の競争者が期待に沿ってその価格に追随（値上げ）したという場合には、「合意」が認められず、違

反とはならないとされるケースが多いであろう。例えば、互いに近接するガソリンスタンドにおけるガソリンの販売価格が往々にして非常に近いことを想起されたい（これが価格カルテルだとして摘発された例を聞かない）。

このように、「合意」があった場合にのみ規制するという前提を維持した場合、価格決定アルゴリズムの設計如何によっては、かかる「合意」なくして、非常に効率的な価格協調が可能となり得る。アルゴリズムの設計という人為性を捉えて規制の対象とすることも考えられるが、「競争的かつ収益的な価格を設定せよ」とのみプログラムをしたところ、勝手に競合他社のアルゴリズムと「共謀」し、価格の協調が行われるということも考えられる。このような場合、競争法違反と捉えるべきか、違反と捉える場合誰にどのような責任を追わせるのか、ということが問題となる。

技術的には間もなく可能となる（あるいは既に相当程度実現ないし実施されている）ところであり、今後、具体的な事件として取り上げられる可能性も高いように思われる。現在、各国当局や実務家において盛んに議論されているところであり、今後の展開が注目される。

3　競争者排除規制

前記「2」で紹介した競争者間の協調行為だけでなく、単一の事業者による行為（単独行為）であっても、それが他の競争者を市場から排除するようなものであれば、競争法違反となり得る。程度の差こそあれ、基本的には、ある程度市場における地位（市場シェアなど）を有する事業者が規制の対象となる。

日本においては、既に紹介した私的独占や、不公正な取引方法のうち（最近プラットフォーム規制の文脈で取り沙汰されることが多い）優越的地位濫用によって規制の対象とされている。

欧州においても、欧州連合機能条約（TFEU）102条により、支配

的地位の濫用行為として規制の対象となっている。

　米国においてもシャーマン法2条において、欧州におけるのと同様に、不適切な手段を用いた独占的地位の形成ないし維持が禁じられている。趣旨としては欧州の規制と同様であるが、後述するとおり、プラットフォーム規制の文脈では、当局による規制のスタンスが異なっていると指摘される。

　なお、日本における優越的地位濫用と、欧米における支配的地位濫用ないし独占的地位の維持形成との間には、重要な違いがある点に触れておきたい。すなわち、日本における優越的地位濫用規制は、市場における「優越的な地位」を持つ事業者が、その地位を「濫用」することにより成立する。この「優越」性は、欧米における「市場支配的地位」や「独占的地位」と同様のものと読めるが、運用上は異なった解釈が採用されている。日本における「優越」性は、規制対象となる事業者と、その取引先の事業者との相対的な関係性で判断されるのに対し、欧米における「支配的地位」や「独占的地位」は市場全体における絶対的な優位性を問題としている。したがって、日本においては、欧米とは違い、必ずしもトップシェアとは評価されない事業者についても、優越的地位濫用が問題となり得る。

　以上のような日本と欧米の相違点を踏まえた上で、近時の事例を紹介しつつ、欧州と米国における執行状況の違いを概観することとしたい。

⑴　欧州の状況

　欧州では、巨大プラットフォーム事業者（特にGAFA）に対する調査や執行が盛んに行われており、その報道が絶えない。

　Facebookは、ユーザーの個人情報を利用して競合他社を排除した嫌疑で調査を受け、あるいはその発行を目指す独自の仮想通貨LIBRAについても、消費者のデータ利用で競争を制限する可能性が

あるとして調査がなされていると報じられている。

　Amazonに対しても競争法違反の警告を行う向きである旨の報道がなされている。Amazonは自身が運営するオンライン商品販売のプラットフォームにおいて、自ら小売業者として販売する傍ら、他の小売業者にもマーケットプレイスと呼ばれる場を提供している。今回問題となっているのは、Amazonが、他の小売業者が自身のプラットフォームを利用させるに際して取得した情報を、自らの小売事業のために（つまり他の小売業者のライバルとしてのAmazonのために）使用したというものである。具体的には、他の小売業者の製品を模倣した製品を自社製品として発売していたことが問題とされている。

　近時、AppleについてもApp StoreやApple Payの運営を巡って調査がなされている。App Storeについては、iPhoneやiOSのユーザー向けのアプリをApp Storeを通じてしか流通させないようにしており、App Storeにおいて高額の（販売額の30%といわれる）手数料を収受している点が問題視されており、Spotifyによる数次にわたる苦情申し立てによっても注目されている。また、iPhoneに搭載されるNFC機能（近距離無線通信機能）へのアクセスのためには、全てApple Payを経由せねばならないとしており、サードパーティによる独自の決済アプリの開発を妨げたのではないかが問題とされている。

　この後に紹介する米国との関係でも特に注目されるのがGoogleに対する執行状況である。Googleに対しては、2017年から2019年にかけて、立て続けに3件を立件し、それぞれ高額な制裁金の支払を命じている。

　はじめに問題にされたのはGoogle Shopping事件である。Googleの検索結果において、自社が運営するオンラインショッピングサイトGoogle Shoppingが他社サイトに比べ優先的に表示されていることが問題視された。他社のサイトが検索結果から全く見られなくなっているということではなく、たいしたことではないようにも思われるか

もしれない。しかし、非常に多くのユーザーは検索結果のうち最初の
ものを始めにクリックすることが多く、そこで満足した情報が得られ
れば、それ以上の探索を行わない。そして、検索結果の一覧が数ペー
ジにわたる場合、次ページに遷移させて下位の検索結果を見るために
はブラウザ上でリンクをクリックしなければならないが、実際にその
作業を行い2ページ目以下の検索結果が参照されるのは、アクセス数
全体のたった数パーセントに過ぎないと言われる。このように、検索
結果における順位はユーザーへの露出との関係で非常に大きな影響を
持っているのである。欧州委員会は、Googleの上記のような検索シ
ステムの運用により競合事業者（他のショッピングサイトなど）を市場
から排除したと判断し、2019年7月に、Googleに対して24億2,000
万ユーロ（約3,100億円）の制裁金の支払を命じた。

　次に問題とされたのは、Googleが、スマートフォン製造業者や通
信会社に対して、アンドロイド端末（2018年時点のシェアは86%とさ
れる）にアプリ配信プラットフォームであるGoogle Playを搭載する
際に、自身の検索アプリやウェブサイト閲覧アプリを併せて搭載する
ように求めた点である。この行為について欧州委員会はGoogleに対
して43億4,000万ユーロ（約5,700億円）の制裁金の支払と当該行為
の取りやめを命じるとともに、当該行為を90日以内にやめない限り、
1日の売上高の5%を上限として罰金を科す旨が言い渡された。

　そして、Googleは、ユーザーの入力した検索ワードに連動した広
告を表示させるサービスGoogle AdSenseを展開していたが、これを
利用する顧客（他のウェブサイト）に対して、競合サービスの利用を
制限するとともに、Googleが配信する広告を目立つ箇所に掲載する
よう義務付けた。Googleは2016年時点でこのような取扱いを取りや
めていたが、欧州委員会より、2019年3月に、14億9,000万ユーロ（約
1,900億円）の制裁金の支払が命じられている。

⑵　米国の状況

　米国においても、欧州に関して述べたところと同様に、自社の検索サービスにおいてGoogle Shoppingを優先的に取り扱ったことが問題視され、調査が行われた。しかし、欧州で約3,100億円もの制裁金の支払が命じられたのに対し、米国においては違反なしと判断されている。その結論を左右した要素として指摘されているのが、両当局が処分にあたって何を重視したかという点である。欧州では、Googleの取扱いによってオンラインショッピングの市場が歪められたという点が重視されているのに対し、米国では、Googleの取扱いが消費者にとってどのような影響を与えたのかを重視していると言われる。米国における違反なしとの判断の理由によると、GoogleがGoogle Shoppingを、優先的に、つまり検索結果の上位に表示されたのは、それが消費者の利便性に資するからであるとされているのである。

　その他、今のところ米国競争当局がGAFAのような大型プラットフォーム事業者に対して欧州のように非常にインパクトの大きな処分を行ったという報道には触れていない。その理由としては、当局による法解釈や法執行のスタンスの違いもあるかもしれないが、GAFAがいずれも米国発祥である点に着目するのは穿った見方であろうか。

　とはいえ、米国においても、DOJ、FTC及び各州の司法長官がGAFAに対して調査を開始したとの報道もなされ、また、上述のとおり、2020年10月についに司法省がGoogleに対する提訴に踏み切ったと報じられるに至った。今後の動向が注目される。

4　補論─MFN条項について

　ここで、（水平的関係における）競争者間の協調の文脈でも、（垂直的関係における）競争者排除の文脈でも問題となることのある、いわゆるMFN条項について触れておきたい。

　MFNは、Most Favored Nationの略語として用いられており、最

恵国待遇とも訳される。簡単に言ってしまうと、ある事業者Aが、他の事業者Bと取引するに際し、その条件として、Bに対して、Aとの間で（他の取引相手と比べて）最も有利な条件で取引することを義務付けるものである。なお、以上のような（伝統的な）MFNと区別して、プラットフォームの文脈でなされる取決めをAcross Platform Parity Agreement（APPA）と呼ぶこともある。

　プラットフォームにおいて問題となり得るMNF条項は大きく二種類に分類され、典型的には、プラットフォーム機能を持つAが、そこでの出品者Xに対して、①A以外のあらゆるチャネルを通じた販売において（例えばAと競合するプラットフォームのBを通じた販売）、あるいは、②X自らが（そのウェブサイトなどを通じて）顧客に販売するにあたって、それぞれAを通じて行うよりも有利な条件で販売を行わないことを約させるものがある。①のような取決めを広いMFN（wide MFN）、②のような取決めを狭いMFN（narrow MFN）と呼ぶことがある。一般に、narrow MFNに比べてwide MFNの方が、プラットフォーム間の競争を直接的に制限するものであるから、より問題が大きいとされる。

　例えば、ホテル予約のプラットフォームを営むBooking.comが各ホテルとの間でMFN条項を含む合意を締結していたところ、フランス競争当局はこのうちwide MFN条項にあたる部分を違法と判断した。ドイツ競争当局はより厳しく、narrow MFNも含めて違法と判断している。

　以上は（垂直的関係における）競争者排除の文脈で問題にされたものである。もっとも、冒頭で紹介したとおり、このMFN条項は、（水平的関係における）競争者間の協調の文脈でも問題となり得る。実際に問題にされたのが米国におけるApple iBook事件である。簡単に紹介する。

　従来、電子書籍市場はKindleを展開するAmazonが席巻していた。

Amazonは、出版社が販売する書籍を買い取った上で自ら販売しており（Wholesaleモデル）、セールのため非常に安価な価格を設定して販売することがあった。出版社としては、自社書籍の値崩れに繋がり得るため、必ずしもこの値下げを歓迎はしていなかった。Appleは、Amazonのシェアを奪うべく、新たに電子書籍市場に参入することを考え、複数の出版社に対して取引の打診をしていた。その中でAppleは、取引の条件として、Appleを通じた小売価格を市場で最も安い小売価格に合わせること（wide MFN条項にあたると考えられる）を提案するとともに、他の出版社に対しても同様の提案をしている旨を申し入れた。また、Appleの提案は、Amazonのように自社が書籍を買い取る（Whole saleモデル）のではなく、売買契約は出版社と消費者との間で締結されるものとし、Appleは取引成立にあたり手数料を徴収することとしていた（Agencyモデル）。

　このようなAppleの取扱いは、各出版社を、横並びで、AmazonのWholesaleモデルから脱却させるとともに、安売りをやめさせ、結果として書籍の価格の引上げを引き起こすものであるとして、シャーマン法1条に違反するものとされた。シャーマン法1条はカルテル等の競争者間の協調行為を禁ずるものである。Apple自体は各出版社との間で競争関係に立つものではないが、Appleが、各出版社のハブとなって、各出版社間での協調行為を主導したものとされたのである（いわゆるhub and spoke理論）。

5　搾取規制

　市場における競争を歪ませる行為を規制する点よりも、ある（力の強い）事業者が、他の（力の弱い）事業者又は消費者に対して不当に不利益を課している点に着目して規制が行われることがある。搾取規制等と呼ばれる。日本の独占禁止法のうち優越的地位濫用が問題となるケースには、かかる搾取規制の観点から問題とされているように見

られる場合がある。

⑴　欧州の状況

　欧州競争法においても、競争法の文脈で搾取規制が行われ得る。欧州連合機能条約（TFEU）102条の支配的地位濫用規制が対象とする行為の一類型とされる（もう一つの大きな区分が競争者排除である）。これまでは必ずしも活発には排除規制は適用されてこなかったといわれるが、巨大プラットフォーム事業者の台頭に伴い、再び脚光を浴びつつある。

　近時の動きとしては、ドイツの連邦カルテル庁によるFacebookに対する決定が注目される。Facebookが、Facebookユーザーの個人データを収集するとともに、そのユーザーがFacebook以外のサービス（例えば自社が運営するWhatsApp等のアプリや、第三者が運営するウェブサイトに埋め込まれたFacebookの「いいね」ボタンなど）に対して提供した個人データも収集し、これを結合してユーザーのプロファイリングに利用した点が問題とされた。もちろんFacebookはこのようなプロファイリングを行うことについてユーザーの同意を得ていた。もっとも、ユーザーはこれに同意をしない限りFacebookのサービスを利用できないこととされていた（さらに、この同意内容の説明は複雑かつ長大な利用規約に埋め込まれていたことは想像に難くない）。

　このようなFacebookの運用について、ドイツ競争法が禁じる支配的地位の濫用に該当するかが問題とされ、連邦カルテル庁は、該当するものとしてFacebookに対して禁止命令を発した。

　Facebookに支配的地位が認められるか、その前提として市場をどのように画定するのかについても、連邦カルテル庁は大変興味深い決定理由を付しているが、ここでは立ち入らない。カルテル庁は、ドイツにおける（一般的な）SNS利用者を需要者として市場を画定し、Facebookは95％以上のシェアを有し、市場支配的地位にあるものと

認定した。

　濫用の有無に関する判断にあたって興味深いのが、濫用があったことの根拠として、Facebookがユーザーから同意を取得した態様がGDPRに違反したものであることが認定されている点である。この点連邦カルテル庁は、GDPRで保護されるような基本的な権利が、その違反によって侵害されており、そのような基本権侵害の事実をもって、濫用行為があったものと評価するものと見られる。

　なお、このカルテル庁の命令は争われたが、近時、ドイツ連邦裁判所は、カルテル庁の判断を支持する判決を下した。

　公正な市場競争の確保を目的とする競争法と、個人データの保護を目的とするGDPRは、本来は保護法益の異なる別個の規制であると思われ、前者の違反を認定するにあたって後者の違反を考慮に入れている点が興味深いが、日本の競争当局である公正取引委員会が、「デジタル・プラットフォーム事業者と個人情報等を提供する消費者との取引における優越的地位の濫用に関する独占禁止法上の考え方」を出し個人情報の取扱いに関心を示していたり、リクナビ事件において個人情報保護法の問題とも思われる点について日本の競争当局である公正取引委員会が優越的地位濫用に当たるおそれがあるとコメントしている点とも重なる部分もあるように思われ、競争法と情報法の交錯が示唆されるところである。

⑵　米国の状況

　他方、米国競争法では、特定の事業者を対象とした個別の業法において搾取規制とみられる規制が設けられる例があるが、シャーマン法やFTC法といった広く事業者に適用される連邦法では、そのような規制が設けられていない。

6 合併規制

　巨大プラットフォーム事業者の躍進は、相次ぐ有望サービスを展開するスタートアップ企業の買収によって支えられている面があるといっても過言ではない。例えば、Facebookは写真共有SNSのInstagramやメッセンジャーアプリWhatsAppの買収によって更にその成長を加速させている上、このように大きく報道されているものに限らなければ、スタートアップの買収は日常茶飯事的に行われていると言ってよいであろう。

　競争当局は、最近に至るまで、このようなスタートアップ企業の買収に寛容な姿勢を示していた。というのも、競争法上の企業結合規制では被買収企業の売上高も基準の一つとして用いられるのが一般的であるところ、スタートアップ企業は、サービス展開から間もなく売上をあまり上げていないことが通常なためである。あるいは、買収企業と被買収企業は、一見して展開しているサービスが重複しないようにも思われることが多く、このような場合、そもそも市場が異なるため買収に問題なしとされるケースもある。

　そのため、上述したFacebookによるInstagramやWhatsAppの買収にあたって、欧米の競争当局のいずれからも問題とはされなかった。それがその後、Facebookによるこれら買収を契機とした大躍進を踏まえて批判されるに至り、従来の売上基準では問題のある企業結合を十分には阻止できないことが明らかになってきた。

　そこで、近年では、各競争当局は、売上以外の基準（買収金額など—買収対象企業の売上額が小さくとも、有望な技術を持っているのであれば、買収者は多額の資金を投入するため）も導入し、適切な審査を行うよう努めている。

第4 プラットフォームの機能等に着目した観点

　単一のデジタルプラットフォームがネットワーク効果にも起因して巨大化し（"Winner takes all"と呼ばれる「一人勝ち」の状態）、もはや市場における競争を十分に期待できなくなってきていることや、人々の生活に深く根ざしている状態等に鑑み、デジタルプラットフォームを公益事業のようなものであると見なして、その社会的に期待される役割に応じて特別な規制を設けようという議論がある。

　同様の観点から設けられた規制で、既にお馴染みとなっているものの例として、電気やガス事業者に対する価格規制などが挙げられよう。リソースが限られている上に、参入のために要求される投資が莫大であり参入障壁が極めて高い天然資源の業界では、市場における競争が十分に期待できず、かつ、これらの業界で取り扱われる商品（電気・ガス）が人々の生活のライフラインに直結していることから、特別に規制を設けているものである（現在日本では部分的に市場原理が導入されているが、比較的最近の話である）。

(1)　欧州の状況

　欧州では、各加盟国で市場の統一を図ったものの、本来統一が容易にも思われるデジタル市場においても加盟国間で分断が生じていることから、そのさらなる統合の促進に向けて、デジタル単一市場（Digital Single Market）戦略がとられており、欧州における非常に重要なテーマとして認識されている。DSM戦略の一環として、例えば、2017年には加盟国間の携帯端末のローミング費用を廃止したり、2018年の視聴覚メディアサービス指令（Audiovisual Media Services Directive、AVMSD）の改正により、従来テレビ放送の放送時間に占める欧州製のコンテンツの割合に規制を設けていた（広告時間を除いて半分を超える時間）ところ、これに加えて、オンデマンドサービスについて

も30％以上を欧州製のコンテンツにするよう定められた。2018年の
GDPR制定もDSM戦略の一環で制定されたものと整理される。直近
では2020年には効率的な通信周波数の割当ての見直しなども行われ
ている。

デジタル単一市場の取組の一環として、2000年にe-Commerce
Directiveが制定され、eコマースに関する統一的な原則が確認され
た。e-Commerce Directiveには、内部市場条項（Internal Market
Clause）と呼ばれる条項が設けられており、オンラインサービスの提
供者には、サービス提供地（サービスにアクセス可能な地）の法ではな
く提供者の設立地の法が適用されるという原則が確認されている。そ
の他、オンラインサービスの提供者が顧客との間で契約締結等するに
あたって情報開示すべき義務の水準や、一定の条件のもと中間者の責
任を免除し（ただし違法な投稿があると通知されてからすぐに対処した等
一定の要件を満たした場合に限る）、自身のプラットフォームに投稿さ
れるコンテンツを監視する義務を負わないこと等が確認されている。

現在、e-Commerce Directiveをさらに発展させるものとして、デ
ジタルサービス法（Digital Services Act、DSA）の制定に向けて議論
がなされている。

DSAは、大きく二つの柱からなっており、一つがオンラインサー
ビス提供者の責任の所在の明確化と、プラットフォームにおける
コンテンツポリシーへの監視の強化であり、フェイクニュースへ
のアプローチについても方針が示される可能性がある。その中で、
e-Commerce Directiveについて上述した内部市場条項や監視義務の
否定についても見直しがなされる可能性もある。

もう一つが、巨大プラットフォーム事業者が席巻する市場におい
て、新規参入者や小規模な事業者にとっても公正で競争可能な状態を
維持するためのルールであり、その一環として、特に、大規模なデジ
タルプラットフォーム事業者については、ユーザーのデータポータビ

リティを保障すべき個別の規制を設けることが検討されている。

　ユーザーは、SNS等のプラットフォームに自身の個人データを提供したとしても、別途他のSNS等に同じ個人データを提供することは妨げられず、他のSNS等を利用するのに、本来、何ら支障はない。しかし、あるSNSを何年も利用し続け、アップロードされた写真等の情報が蓄積し、量が膨大になっている場合、別のSNS等を新たに利用しはじめ、これらデータを全て再びアップロードすることは、大きな負担であって、SNS等の乗り換えにあたって事実上の障害となっている。こうしてユーザーは長年使い続けてきたSNS等にロックインされ、不利益な利用規約の変更等や、個人データの取扱体制が不十分であっても、利用し続けることが余儀なくされると指摘される。

　そこで、特に欧州において、自己の情報を適切にコントロールするためには、SNS等のプラットフォームに提供した自身の個人データを、いつでも、取戻し、あるいはそれを他のSNS等のプラットフォームにそのまま提供できる必要があると議論される。既にGDPRにおいてもデータポータビリティを権利として保証する旨の条項が設けられている（20条）。もっとも、その実効性を疑問視する声もあり、上述したDSAにおいて、更に具体的な規制を設けることが検討されているのである。

　今後、どのような具体的なルールが形成されていくのか、動向が注目される。

⑵　米国の状況

　以上のような欧州の状況と異なり、米国においては、建国当時や各州と連邦の権限配分を巡り憲法上の議論は行われるものの、「単一市場」の理念が声高に掲げられることはあまりなく、それに向けた取組も欧州のように大々的には行われていない。e-Commerce DirectiveやDigital Services Actのように、連邦法レベルでプラットフォーム

事業者を包括的に規制する法制も見当たらない。

　もっとも、例えばカリフォルニア州法が、2019年にライドシェアサービスを運用する事業者Uberについて、運転手に従業員性を認め最低賃金等の法制による保護を与える立法を行った。これは同州で前年に出された最高裁判決を受けたものである。本来、Uberのようなライドシェアサービスにあたっては、ドライバーに運転を依頼し対価を支払っているのは、Uberではなく個々のユーザーとも整理し得る。そしてUberはこのような整理に基づいて運用を行っていた。しかし、それでは、実際には企業の従業員と変わらない勤務形態の従業員について労働法制が及ばず保護されないことになってしまうため、Uberに対して、いわば中間者の責任として、従業員に対する義務を負わせるものである。このように、州によってはプラットフォーム事業者に中間者としての責任を負わせる法制が設けられる例があるとも言える。

　また、データポータビリティについても欧州とは状況が異なる。そもそも、データポータビリティを個人の権利として認めるべきという議論が大々的に行われているとは聞かれない。

第5 補論─中国の状況

　以上、欧米の状況を中心に概観したが、他の重要な地域として中国の様子をごく簡単に紹介したい。中国におけるプラットフォームを含むオンラインビジネスは、以上で概観した欧州・米国あるいは日本とは少し異なった環境に起因して、独自の進化を辿ってきたといわれる。

　プライバシー権の保護は、中国憲法上には明文規定はないものの、比較的最近、民法上明文で認められるに至った。もっとも、中国国民のプライバシーに対する権利意識は、欧米（特に欧州）と比べて高く

はないといわれる。特に欧州ではプライバシーが個人の権利であるという意識が浸透しているものの、中国においてはそのような状況は顕著には見られず、かえって、自身のふるまいが適切に評価され自分の利益になるのであれば個人情報を利用して貰っても構わないと捉える向きも多いようである。いわゆる信用スコアが流行したとされるのもその流れを汲むものと思われる。ただし、近年になって中国国民のプライバシーに関する権利意識が高まってきているとも指摘される。

　また、中国においては、成功した企業に対しては国家的な後押しが与えられ、一気に巨大化するという特徴が見られる。もっとも、この領域に至るまでの間は、スタートアップ段階で非常に熾烈な競争があり、これに勝ち残った者だけがこのような処遇を受けることになるともいわれる。

　その他の特徴的な点としては、以上の点とも関連するが、垂直的な統合が進みやすいという点が指摘されている。例えばアリババグループはeコマースのサービスとして始まったが、今やAlipayによって資金決済の分野でも極めて多くの利用者を擁するに至っている。

　オンラインビジネスの文脈から少し脱線するが、このような中国国家の総力をかけた中国大陸のチャンピオンのような企業と互角に渡り合うため、欧州においても、「ヨーロッパのチャンピオン」を生み出せる環境を整えるべきではないかと議論がされることがある。ここでハードルとなるのがState Aid規制と企業結合規制である。

　State Aid規制は、欧州連合が各加盟国からなる単一の市場経済を構成するものであるとの理念を前提に、各加盟国の補助による単一市場における競争の歪みをふせぐことを主眼としている。ある加盟国にとってすれば、自国の企業が欧州域内での競争に勝ち抜けば、税収の増加や雇用維持等をはじめ大きなメリットが得られる。そのため、当該加盟国からすれば、この自国企業に補助金を与えたり税制面で優遇し、欧州域内のライバル国が有するライバル企業との競争を有利にし

てやるインセンティヴが生じやすい。しかし、これを許すと本来ならば欧州市場から撤退すべきである非効率な企業が市場に残ることとなり、競争を歪め、最終的にはこの非効率は消費者が負担を余儀なくさせられることとなりかねない。このような事態を防ぐため、State Aid規制は、このような加盟国による支援にあたって厳格な制限を設けるものである。

　合併規制の関係では、ある事業分野において欧州域内の複数の企業が合併しようとするとき、欧州域内での市場を捉えた際に、競争に与える影響が大きすぎるとして合併が認められない場合がある。これは市場画定の問題で、中国のチャンピオンと同一の市場（例えば世界市場）での競争があると考えることができれば、合併後も競争が維持される見込みがあるとして許容されることとなろう。しかしこの点、2019年にドイツのシーメンスとフランスのアルストムが鉄道事業の統合を計画したが、欧州委員会より、競争を阻害し消費者に不利益をもたらすおそれがあるとして却下された。合併当事者からは、この計画は、中国国有企業である中国中車への対抗を可能とするものであるとの主張がなされ、ドイツ・フランス各政府による支援もあったものの、結論として認められなかった。

　このように、独自の生態系で発展を遂げてきた中国発のオンラインビジネス（特にプラットフォーム事業者）が、欧米の市場とどのような交わりを見せるのかは、今後の注目に値する。

　もっとも、政治的な問題による影響にも留意が必要である。例えば、近時インドは、中国発のアプリを表向きには国家安全保障の観点から禁止をしたが、その裏には、その少し前に両国間で起きた軍事衝突があり、アプリの禁止は、その報復の一環としてなされたとも指摘される。

第6 終わりに

　以上で概観したとおり、海外（特に欧州と米国）の状況を比べてみると、特に大規模なデジタルプラットフォーム事業者への対応や、個人にどのような権利を与えるのかといった考え方の点において、若干の差異が見られるように感じられる。GAFAと呼ばれる巨大プラットフォーム事業者はいずれも米国出身であるところ、欧州は、GDPRにおいて成功したように、プラットフォーム規制においても世界標準を確立することを狙っていると考えるのは穿った見方に過ぎるであろうか。

　冒頭でも述べたとおり、実際に欧米等の海外でオンラインビジネスを展開するにあたっては、現に施行されている規制の適用関係について調査する必要があるが、規制の大きな枠組みや、各国が各規制を設けるに至った背景等に関して、本章が何らかの参考になれば幸いである。

索　引

著者等略歴

渡邊　涼介（わたなべ・りょうすけ）
弁護士（光和総合法律事務所）
2007年弁護士登録。2014年〜2017年総務省総合通信基盤局専門職。
主要著作として、『改正資金決済法対応 仮想通貨はこう変わる!! 暗号資産の法律・税務・会計』（ぎょうせい、2019年）（編著）、『データ利活用とプライバシー・個人情報保護 最新の実務問題に対する解決事例108』（青林書院、2020年）、『企業における個人情報・プライバシー情報の利活用と管理』（青林書院、2018年）がある。

松田　世理奈（まつだ・せりな）
弁護士（阿部・井窪・片山法律事務所）
2010年弁護士登録。2015〜2017年経済産業省電力・ガス取引監視等委員会、2017〜2019年公正取引委員会事務総局審査局、2019年から競争政策研究センター（CPRC）研究協力者。独占禁止法や知的財産法を専門とする。
近時の著作として「異業種間の標準必須特許ライセンスに関する独占禁止法上の考察」（CPRCディスカッションペーパー）（2019年）等がある。

今村　敏（いまむら・さとし）
弁護士
2016年弁護士登録。2016年〜大阪大学知的財産センター（現知的基盤総合センター）特任研究員、2017年〜同特任助教。2017年〜総務省総合通信基盤局専門職。
これまで、知的財産法や情報法の分野を主に専門とし、知的財産の利活用等の相談対応、調査研究等や、利用者情報の保護と利活用に関する政策立案等を担当。個人情報保護法、電気通信事業法、プロバイダ責任制限法等の法解釈、法執行等に携わる。

辛川　力太（からかわ・りきた）

弁護士（阿部・井窪・片山法律事務所）・ニューヨーク州弁護士

2011年弁護士登録。2018年The University of Chicago Law School(LL.M.)、2019年米国ニューヨーク州弁護士登録。留学中はKirklan & Ellis LLP（San Francisco）、Heuking Kühn Lüer Wojtek PartGmbB（Düsseldorf）、Steptoe & Johnson LLP（Brussels）で知的財産や競争法実務の研鑽を積んだ。帰国後もこれら分野に広く関与し、国内外のクライアントにアドバイスを提供している。

主な著作は『契約書作成の実務と書式〔第2版〕』（有斐閣、2019年）や『法務リスク・コンプライアンスリスク　管理実務マニュアル』（民事法研究会、2015年）（いずれも共同執筆）等。

小川　智史（おがわ・さとし）

弁護士（森・濱田松本法律事務所）

2015年弁護士登録。2019年より個人情報保護委員会事務局に出向し、法令解釈、利活用支援のほか、令和2年改正を担当。

著作として、「『個人情報の保護に関する法律等の一部を改正する法律』（令和2年改正）等について（上）（下）」（NBL1176号、1177号）、『ドローン・ビジネスと法規制』（清文社、2017年）（いずれも共同執筆）等。

岡本　健太（おかもと・けんた）

弁護士（光和総合法律事務所）

2015年弁護士登録。2019年～総務省情報流通行政局課長補佐。2020年～内閣官房デジタル市場競争評価本部事務局参事官補佐（併任）。

特定デジタルプラットフォームの透明性及び公正性に関する法律の作成に携わるほか、フェイクニュース対策、デジタル広告、ISMAP、テックチーム等のデジタル活用分野の政策に携わる。

オンラインビジネスにおける
個人情報&データ活用の法律実務

令和2年11月30日　第1刷発行

編　著　　渡邊　涼介、松田世理奈、今村　　敏

著　　　辛川　力太、小川　智史、岡本　健太

発　行　　株式会社**ぎょうせい**

〒136-8575　東京都江東区新木場1-18-11
URL：https://gyosei.jp

フリーコール　0120-953-431

ぎょうせい　お問い合わせ　検索　https://gyosei.jp/inquiry/

〈検印省略〉

印刷　ぎょうせいデジタル株式会社　　　　　　　　　　Ⓒ2020　Printed in Japan
※乱丁・落丁本はお取り替えいたします。

ISBN978-4-324-10893-2
(5108648-00-000)

〔略号：オンラインビジネス〕